EL BUENVIVIR

Primer Pensamiento de Interamérica

EL BUENVIVIR,
PRIMER PENSAMIENTO DE INTERAMÉRICA
Atawallpa Oviedo Freire
yuyarina@yahoo.es

Segunda edición
Ediciones: Sumak
Diseño: J. V. C.
Impreso en Gran Elefante Manufactura Editorial

La Paz, Bolivia
Julio 2019

EL BUENVIVIR

Primer Pensamiento de Interamérica

Atawallpa Oviedo Freire

"La idea, única de Occidente, de un conocimiento único y universal en aras de una verdad única y universal, requeriría de una institución (forma de vida), igualmente, única y con pretensiones de universalidad."

–Paola Vargas Moreno

La Torre de Babel: En ese entonces se hablaba un solo idioma en toda la tierra. Un día se dijeron: «Construyamos una ciudad con una torre que llegue hasta el cielo. De ese modo nos haremos famosos y evitaremos ser dispersados por toda la tierra». Pero el Señor bajó para observar la ciudad y la torre que los hombres estaban construyendo, y se dijo: «Todos forman un solo pueblo y hablan un solo idioma; esto es solo el comienzo de sus obras, y todo lo que se propongan lo podrán lograr. Será mejor que bajemos a confundir su idioma, para que ya no se entiendan entre ellos mismos».

–Génesis 11

Mi papá (Fidel Castro) siempre me decía (sobre la revolución cubana): "Fue un salto al abismo. Queríamos hacer justicia, pero no sabíamos cómo se hacía".

–Mariela Castro

Prólogo de Raúl Zibechi

Se puede distinguir a un sabio por el manejo del tiempo. El sabio no pelea con el tiempo, ni le falta ni le sobra, fluye con él, se deja moldear como el agua que se adapta al recipiente. Para el sabio el tiempo es un aliado, pero no en el sentido que le dan los políticos, sino un amigo al que no hay que preguntarle ni sonsacarle; sólo acompañarlo, porque en ese estar, van apareciendo todas aquellas cuestiones que no hace falta preguntar porque no se pueden decir con palabras. Nada más occidental, racional y colonial, que explicar los sentimientos.

En este libro, El Buenvivir, primer pensamiento de Interamérica, Atawallpa Oviedo Freire nos recuerda precisamente la importancia del yachak, la autoridad moral, guía espiritual y referencia de las comunidades indígenas. Es un aporte mayor porque se trata de de-construir y descolonizar el pensamiento crítico y las estrategias de las llamadas izquierdas. Podría agregar que es también un ejercicio de colocar al patriarcado en la misma longitud de onda del colonialismo. Estamos ante un trabajo importante. Veamos, si no, la forma de analizar la Conquista.

"La mayoría de la población, no enfrentó a los invasores y se dejaron dominar; lo que permitió que pervivan hasta la actualidad en un gran porcentaje, y de que hoy sean un grupo influyente y hasta decisorio en algunas regiones". Parece herejía, ¿cierto?

¿Qué es eso de dejarse dominar? ¿En qué lugar nos coloca ese "dejarse" en clave emancipatoria? ¿No era que los pueblos deben enfrentar siempre y en toda ocasión a sus enemigos y perecer en el intento, si falta hiciere? Pero aquí es donde aparece la revuelta que pone esta historia en su lugar. Fue ese "dejarse" lo que les permitió a los pueblos volver siendo millones, como dijo Túpac Katari en 1871, cuando esperaba la muerte de manos de los españoles.

Si hubieran resistido de modo frontal, el camino probablemente hubiera sido el de los indígenas de Estados Unidos, reducidos en enclaves, "sin mayor presencia e incidencia en la vida social y política de dichos países". Y sigue: "El no enfrentar al invasor, ha permitido que hoy tengan gran presencia poblacional en algunos países e incluso en algunas regiones tienen mayoría numérica, con ello incidiendo decisivamente en el destino de esos territorios".

Siento que aquí hay algo fuerte, por diferente, que va mucho más allá de la interpretación de la historia para colocarnos en un lugar otro: repensar las formas de hacer política. No se trata de enfrentar, que es la tentación del guerrero, figura patriarcal que, como nos enseñan las investigaciones de Pierre Clastres, debe estar sujeto a control de la comunidad. Es algo diferente, porque se trata de salvar a un pueblo, o a varios, lo que nos permitirá, algún día, retornar. "Frente a lo que se advenía, los sabios amerindios (yachaks) antes que enfrentar al invasor prefirieron delinear un largo plan que les permita pervivir en el tiempo y en el espacio", escribe Atawallpa.

Los sabios, no como individuos sino como recursos cultural-cognitivos de los pueblos, capaces de anudar el tiempo corto con el tiempo largo, tuvieron que optar entre seguir siendo pueblos y jugarse todo en la partida inmediata, e inmediatista, de la guerra. Dirán cobardía, o falta de estrategia, cuando se trata de sabiduría, sin más.

Por eso creo que este trabajo es importante para nuestros pueblos, para los caminos por los que optemos hoy y los resultados que obtengamos pasado mañana. Para preparar el retorno, para restaurar las autoridades propias, la justicia propia, la vida otra, es necesario sobrevivir como pueblos, no como individuos. Aparecen aquí otros problemas que pueden echar por tierra esos esfuerzos. No se trata sólo de no exponernos en enfrentamientos inútiles, sino de preservarnos también de esas formas de organizarse y de hacer política que nos deforman, que aniquilan nuestras culturas y cosmovisiones. Atawallpa nos alerta contra el "babelismo", la homogeneidad neo-colonial que nos imponen tanto el mercado como las izquierdas que, casi siempre, adoptan el desarrollismo dependiente de las metrópolis.

Mientras las izquierdas siguen atrapadas en la "unión y lucha de contrarios", como señala este libro, se pierden los conceptos de diversidad y complementariedad, esos que jamás podrán domesticar ni dirigir como vanguardias. No es casualidad que Atawallpa refiera en varias ocasiones al zapatismo. Mientras el mundo occidental no puede ver más allá del subcomandante Marcos o Galeano, las comunidades zapatistas tienen otras referencias que van más allá, y sobretodo más adentro, que la figura del guerrero. Fueron sus sabios los que adoptaron y aceptaron esos saberes que encarnan los mestizos llegados de fuera, siempre controlados por las comunidades y sus comandantes.

El zapatismo, por cierto, rechaza con vehemencia la pretensión de homogeneidad que albergan las izquierdas bajo el lema de la unidad ("el pueblo unido, jamás será vencido"); una auténtica patraña que sólo sirve a unos pocos para enancarse sobre las luchas, surfeando como las "aves nocturnas" (figura con la que Braudel describe el capitalismo) para aprovecharse de la energía colectiva. Por eso los aymaras acuñaron una frase maravillosa, que cada tanto escupen a la cara de sus propios dirigentes: "No queremos ser escaleras de ustedes".

Admiro la propuesta del "aldeismo" o "aldeidad", que va en sentido similar al de comunidad, vocablo tan manoseado que puede estar perdiendo su significado. Como sucede con sumak kawsay/buen vivir, que las izquierdas no tienen problema en incluir en las Constituciones para vaciarlo de contenido. Peor: el paradigma andino del sumak kawsay/suma qamaña empieza a ser interpretado como la buena vida, tener más, consumir, en un ejercicio de cobijar ideas nacidas en otra civilización para lubricar la acumulación de capital y de poder simbólico, por las nuevas élites que hablan lenguas y visten ponchos. Molesta, y mucho, que los que no viven bien, en particular los académicos bien viajados y mejor remunerados, sean los que se atribuyan pensamientos que vienen de los que realmente creen en el suma kawsay, porque lo viven a diario.

Estamos ante un recodo de la historia marcado por la crisis de la civilización occidental capitalista. Una crisis tal que no admite parches, porque la civilización hegemónica sencillamente no tiene los recursos para curar las enfermedades que provoca. Vivimos tiempos de metástasis.

El único modo de salir adelante es trazar otros caminos, en base a las civilizaciones "otras", negras e indias; no para salir apenas del capitalismo sino para algo mucho más profundo: para sostener la vida, para seguir viviendo como pueblos y como humanidad. Necesitamos refundar el pensamiento crítico, pero desde abajo y tejido con las sabidurías de los pueblos. En ese camino, estoy convencido que este libro, y el trabajo de Atawallpa Oviedo Freire, es un aporte decisivo; porque nadie le contó lo que hacen y sueñan los de más abajo, siente con ellos y ellas, y su trabajo actual consiste en seguir el camino de los sabios que está modelando su vida.

–Raúl Zibechi
Montevideo, marzo de 2018

Prólogo de José Angel Quintero Weir

Hacer presente nuestro corazón
para recuperar la comunidad del Nosotros

A la pregunta, cómo fue posible que un puñado de conquistadores europeos pudieron someter a la más grande diversidad de pueblos y culturas a lo largo y ancho del ahora llamado continente americano desde las tierras de los Iroqueses hasta los confines de los Onas y los indios fueguinos, Atawallpa intenta responder desde las visiones que algunos pueblos consideraban como futuro, pues, no tenían duda acerca de la existencia de otros más lejanos seres diferentes a nosotros. En este sentido, puedo sumar a las llamadas "profecías" mayas, mexicas o quichuas, el pensamiento de los añuu y de los barí de la cuenca del Lago de Maracaibo, y de los Ye'kuana de la selva amazónica venezolana.

Para los añuu, por ejemplo, la existencia de los "blancos" se tenía como un hecho cierto aún mucho antes de su efectiva presencia en las costas del Golfo de Venezuela, esto, porque efectivamente para los añuu cada pueblo es el reflejo especular en las aguas de abajo de las infinitas constelaciones estelares del firmamento de arriba; de tal manera que, sabían los añuu, que la diversidad de pueblos presentes en el mundo se manifestaba en la incalculable presencia estelar en inmensidad del cielo. Por su parte, cuentan los barí que todos los pueblos del mundo diferentes a los barí resultan del sacrificio de una anciana a la que la comunidad castigó por comer carne humana y, por ello, luego de castigarla con la muerte, su cuerpo fue incinerado y de sus cenizas llevadas por el viento, nacieron en el mundo todos los otros, entre ellos, los labagdou: los blancos conquistadores. Finalmente, los Ye'kuana, que nacieron de la unión de Wanadi con la mujer que necesitó crear preñando su propia pantorrilla, éste, en vez de cuidar del ombligo de su pareja recién nacida, lanzó como basura el cordón umbilical y fue de allí que nació Odosha, creador de los blancos y genio maligno que con su daño persigue las obras de Wanadi.

Es así que podemos decir que, efectivamente, todos los pueblos originarios en toda Abya Yala, o Mmakat (en wayuunaiki), o Mmokarü (en Añunnüku), poseen en su memoria y relatan en sus propias oralituras, su comprensión de la existencia de los otros: blancos o negros, tal como el mundo se muestra diverso en sus comunidades de plantas, animales, ríos, montañas, clima, etc. Sin embargo, es importante señalar que la respuesta a la presencia del conquistador no fue uniforme en todos los pueblos; de hecho, es posible decir que, por ejemplo, los wayuu y los barí, nunca fueron conquistados o sometidos militarmente por los conquistadores y colonialistas europeos; de hecho, los wayuu impidieron en todo momento la ocupación de su territorio por parte de los alíjunas, cuya presencia no se estableció en territorio de la Guajira sino luego de la Guerra de Independencia; y en cuanto a los barí, su defensa militar del territorio permaneció hasta mediados del siglo XX, pues, éstos no acordaron la Paz con los blancos labagdou sino en los años 1960.; de tal manera que el proceso de sometimiento de estos pueblos fue ejecutado, ya no por los europeos sino por la colonialidad de la república de los criollos y mestizos. Otros pueblos, aguerridos o no, terminaron exterminados, ya por acción de la guerra y la esclavitud pero, sobre todo, por las enfermedades que los blancos europeos traían como maligno vaho, y para el que nuestros ancestros no estaban preparados corporalmente para enfrentar.

Pero, además, debemos agregar el hecho de que la originaria conciencia de la diversidad del mundo generaba la noción de la necesaria complementariedad entre las comunidades presentes; de tal manera que, para el sentipensar de todos los pueblos originarios pertenecer al mundo implicaba, necesariamente, compartir y compartirse en una permanente relación de complementariedad de haceres que, en definitiva, es lo que hace posible la continuidad y persistencia de la vida de todas las comunidades y del mundo como totalidad. En tal sentido, la idea que guió a muchos de nuestros pueblos de compartir el mundo con los blancos europeos no necesariamente expresaba debilidad y mucho menos cobardía, sino la justa respuesta a su presencia desde la cosmovisión y cosmovivencia que configura el horizonte ético que, aún hoy día, luego de siglos de dominación colonial y de colonialidad, insisten en orientar sus vidas, porque en efecto, no es posible otra si es que queremos y deseamos la persistencia del mundo al que pertenecemos.

Así, pues, lo que hoy el llamado pensamiento crítico denomina como crisis civilizatoria en tanto que, el proceso generado por la idea de acumulación infinita resulta catastrófico para la vida de todos en el mundo, para el sentipensar indígena no se trata sino de la confrontación entre la posesión-explotación-acumulación que impone la civilización occidental (ya desde el pensamiento liberal-capitalista o del pensamiento marxista-socialista) y la noción de diversidad de haceres y complementariedad entre comunidades. He allí, el meollo del libro de Atawallpa cuya palabra nos interpela.

Porque, a pesar de que el mismo se inscribe en la búsqueda que otros como Mariategui (desde el pensamiento marxista), o Arguedas, en su búsqueda de posicionar una conciencia mestiza; o del mismo Asturias, como reposición de la memoria originaria en el contexto de las sociedades republicanas, este libro de Atawallpa resulta evidencia de que los caminos transitados por las comunidades, separados de su corazón comunitario, no han sido sino falacias siempre regidas por la "ética" de la acumulación y no de la complementariedad.

En este sentido, debemos reconocer que el movimiento indígena ecuatoriano (y también el boliviano), fueron capaces de generar procesos realmente aleccionadores para todos los pueblos; sin embargo, ha sido la colonialidad de la izquierda la que ha terminado por entramparlos en la inmediatez, convirtiendo la confrontación de civilizaciones, esto es, de horizontes éticos, en la lucha inmediata del poder entendido desde la visión del poder colonial y no desde el hacer de las comunidades, de allí su fracaso.

Dicho de otra manera, la reciente incorporación del horizonte ético expresado en el Suma Qamaña/Sumak Kawsay de los pueblos indígenas del Ecuador y Bolivia al texto constitucional republicano, en modo alguno ha alterado el fondo de la estructura de la colonialidad sobre la que se sustentan nuestros Estados-nacionales, y, por el contrario, ha servido para que desde el progresismo de izquierda, el radical movimiento de los pueblos indígenas en todo el continente fuera nuevamente desmembrado.

En este orden, el caso venezolano no puede ser catalogado sino como la más grande de las estafas al pensamiento indígena, pues, el Wakuaipa-Weiña equivalentes al Suma Qamaña/Sumak Kawsay, ni siquiera como noción simbólica fueron incorporados a la Constitución tal como se hizo en Ecuador y Bolivia, sino que la aspiración fundamental de los pueblos como lo es (y sigue siendo), la demarcación de sus espacios territoriales fue cumplida por los supuestos benefactores, ni como promesa de la izquierda en el poder ni como mandato constitucional y, por el contrario, el Presidente Maduro como heredero del trono de Chávez, ha lanzado definitivamente a la basura con su decreto de explotación del llamado Arco Minero del Orinoco por el que no menos de ocho pueblos indígenas han sido condenados a desaparecer totalmente en nombre del sostenimiento económico y la permanencia en el poder de la llamada "revolución socialista bolivariana".

De hecho, hoy mismo, el Presidente Maduro sonríe ante las cámaras de Telesur al anunciar con una barra de oro en sus manos, cómo el Arco Minero comienza a generar las divisas que le permiten saldar la extraordinaria deuda externa generada en casi dos décadas del progresismo chavista en el poder, sin mencionar que a cambio de ello, se ha condenado al hambre y a la muerte de las tierras y los pueblos indígenas que las habitan; por lo que, Waraos, Ye'kuana, Yukpas y otros pueblos, caminan cientos de kilómetros para llegar a Brasil en busca de un hálito de vida.

Porque, ciertamente, el Suma Qamaña/Sumak Kawsay / Wakuaipa /Weiña /Lekil Kuxlejaltik, o como quiera que cada pueblo indígena defina el fundamento del horizonte ético de su existencia, no se trata en modo alguno de una mera declaración formalmente verbal, sino de una palabra que se ejerce cotidianamente como un hacer comunidad y que nuestro autor denomina como una praxis de la aldea o aldeismo pero que, en todo caso, puede resumirse como nuestro permanente hacer el nosotros; de tal manera que categorías como "Buen Vivir", "Vida Buena", "Nuestro propio caminar", "Nuestro hacer" o "Nuestro buen vivir", en boca de la derecha o la izquierda, ha sido despojada por la colonialidad del poder, ya del neoliberalismo de la derecha o el progresismo de la izquierda, de su intrínseca vinculación al ejercicio cotidiano de hacer comunidad y, por esa vía, es convertida en una vacía declaración sin efectos políticos prácticos y territoriales por muy constitucionales que estas sean impresas y enarboladas por los neocolonialistas y neoextractivistas que intentan sostener y sostenerse como nuestros eternos dominadores.

Esta posición, en efecto, radicalmente crítica tanto del neoliberalismo como del llamado progresismo de izquierda en poder del gobierno de nuestros Estados-nacionales, ha pretendido ser convertida en una especie de estigma negativo por el que se nos acusa a todos los pueblos indígenas "anarquistas"; pero, a pesar de que ciertamente, en este contexto nos sentimos más cercanos a las ideas de Rosa Luxemburgo y, un poco más acá, de Flores Magón, no es de eso de lo que habla Atawallpa (tampoco nosotros), sino que, pensamos, la crisis civilizatoria que vivimos no es posible de ser resuelta mediante la toma del poder de las izquierdas, por muy unidas que aparezcan; mucho menos, por la puesta en marcha de políticas públicas por parte de los estatólatras de la derecha o la izquierda en el poder, sino que se trata de que el sentipensar de nuestro originario corazón se haga efectivamente presente como construcción autónoma, esto es, como horizonte ético civilizatorio capaz de incluir a occidente.

Esto es a lo que Atawallpa denomina como transcivilización, y que nosotros entendemos a partir del momento en que volvemos a la palabra cantada/relatada por la oralitura de cada uno de nuestros pueblos por la que siempre hemos sabido, que ni somos los únicos en el mundo ni somos la comunidad privilegiada entre todas las comunidades existentes, sino que somos una comunidad más entre todas las comunidades cuyo compartir complementario hace posible nuestra propia existencia como comunidad y, en consecuencia, la persistencia de todas las otras comunidades y, por ende, del mundo como totalidad; lo que definitivamente nada tiene que ver con el neoliberalismo o el progresismo, pues, ambos se sustentan en una visión del mundo que convierte a las comunidades de plantas, animales y todo ser visible (e invisible), como susceptibles de ser acumulables.

En fin, no tenemos duda de que el dominio de la civilización occidental, su modelo económico de acumulación enmarcado en un horizonte ético que magnifica al "Yo" del sujeto está colocando a la diversidad de civilizaciones al borde de su desaparición absoluta por desaparición del mundo como sustento de todos. Tampoco dudamos el hecho de que no puede ser occidente la civilización que provea a la humanidad de un camino capaz de liberarle, por muy históricamente crítico desde que tal camino sea planteado. Finalmente, estamos convencidos que el tiempo de la vuelta de nuestro corazón no sólo es necesaria a nuestra persistencia como pueblos-culturas, sino como camino para la humanidad toda, no porque seamos "los elegidos", no porque "seamos mejores" o "superiores" sino precisamente porque nuestra milenaria historia nunca ha registrado tal pretensión y, por el contrario, nuestra resistencia y persistencia cultural, aún en los peores y muy largos procesos de sometimiento e intentos de liquidación etnogenocida aplicados por occidente hemos logrado sostenernos en nuestras propias cosmovisiones y cosmovivencias que milenariamente han definido nuestra existencia y persistencia como pueblos-culturas.

Por mejor decir, no pretendemos obligar a nadie a seguirnos en nuestro propósito de salvar a todas las comunidades del mundo tal como proponen los ecologistas y naturalistas desde su condición colonial antropocéntrica que los convierte en salvadores de animales o plantas y, por supuesto, de los pueblos indígenas, sino como nuestra necesidad de re-establecer nuestro corazón como único camino posible para recuperar el espíritu humano de hacer comunidad. Es esta, pues, la mayor de las lecciones que el libro de Atawallpa nos ha dejado, y es esta su lección la que en efecto celebramos y esperamos todos puedan hacerlo como nosotros lo hemos hecho.

–Maracaibo, marzo 2018.

Presentación

Un día del año 2002, recibimos la llamada telefónica de un señor francés que nos proponía traducir y publicar en Francia nuestro libro "El Retorno del Hombre Rojo". Unos años antes, habíamos abierto en Quito el "Centro Yuyarina", el primer centro de estudios andinos en el Ecuador, donde dábamos clases de kichwa, medicina indígena, filosofía andina, y a la par, hacíamos talleres, terapias y ceremonias.

Si bien habíamos estudiado derecho y pretendíamos ser "abogado de los pobres", rápidamente nos dimos cuenta de que no existía justicia, de que ésta era una de las instituciones más corruptas que habían (y que todavía hay) en el Ecuador y el mundo. La justicia era una falacia, por lo que literalmente votamos nuestro título de "Doctor en Jurisprudencia" dentro del closet, avergonzados de todo lo que ello significaba.

Paralelamente, también se nos había caído la Izquierda en la que habíamos militado durante nuestros estudios en la universidad, cuando vimos que sus dirigentes habían hecho de la política y del partido su medio de vida, y no había tal revolución de por medio. De esta manera, aquel joven iluso e idealista, despertaba a la vida y se daba cuenta cómo era el mundo en que vivía, y no el que creía y peor el que soñaba.

Sin tener en que sostenernos para caminar la vida, en que agarrase para creer verdaderamente en algo que le dé sentido profundo a nuestra existencia; pasamos un año en crisis existencial luego de salir de la universidad. Deambulábamos por todo lado, tratando de encontrar algo que nos motive para seguir en este mundo. Hasta que la vida nos puso frente a un *yachak* o un maestro andino, el cual nos comenzó a hablar del "camino del *yachak*" o del sabio. Todo lo que él decía, resonaba tan fuerte en nosotros que inmediatamente supimos que ese era nuestro camino. Sentíamos que no era algo nuevo, que ya lo habíamos conocido y que de alguna manera estaba en nosotros desde tiempos inmemorables.

Si bien habíamos nacido en una familia autodenominada "mestiza", siempre amamos lo indígena y sentíamos que nuestro espíritu era amerindio. Hoy con el concepto de trans-racialidad lo entendemos, de la misma manera que hay transexuales que tienen una apariencia física pero que se sienten de otro sexo, nosotros sentíamos que nuestro linaje espiritual o ancestral era indígena, aunque nuestra expresión corporal actual se acercaba más al fenotipo blanco. O, dicho de otra manera, nos sentíamos como una continuidad o prolongación de las dinastías milenarias que habían existido en toda la humanidad y las cuales nunca conocieron el racismo; por lo que en esta vida no nos importaba el color de nuestra piel sino el de nuestra conciencia.

Ese "camino del sabio" nos resonó tan fuerte, que le dio sentido a nuestra vida para cumplir con las misiones que ella tenía para con nosotros[1]. Nos dedicamos a investigar más a profundidad ese

---

[1] Utilizamos el nosotros durante todo este libro, porque en muchas lenguas ancestrales existe 4 prenombres: yo, tú, el, tu-y-yo. Este último, nos hace referencia a que nadie existe por sí solo sino a partir del otro. De otra parte, porque provenimos de una cultura, que como dice el antropólogo estadounidense Bruce Mannheim, el quechua es el único idioma centrado en

camino: yendo a comunidades de Ecuador, Perú y Bolivia, aprendiendo de otros *yachaks*, asistiendo a ceremonias, participando en talleres, leyendo libros, etc. Así pasaron 10 años de investigación y formación hasta que se despertó el *yachak* que habitaba en nosotros, y que hay en todos.

Cuando sentimos que estábamos preparados, empezamos con las tareas que debíamos cumplir. Tuvimos la oportunidad de ser profesor de la materia de socio-antropología en la Universidad Central del Ecuador, pero en la práctica dábamos clases de Historia y Medicina Andina; siendo la primera vez que esto se enseñaba a nivel universitario a estudiantes de enfermería de la Facultad de Medicina.

Hasta el año 2000 las prácticas médicas que realizaban los curanderos andinos, y a los cuales les denominaban despectivamente como "brujos", se efectuaban a escondidas y en lugares rurales. Decidimos visibilizar, naturalizar y legalizar estas prácticas ancestrales, y organizamos la Primera Feria de Shamanes y Medicina Andina en Quito. El éxito fue impresionante, pues muchos querían conocer a los "brujos", ahora llamados "shamanes", y ver si sus medicinas funcionaban. A partir de esta experiencia, surgieron otras y la medicina andina fue reconocida y avalada por el Estado, convirtiéndose posteriormente en algo común y aceptado por la sociedad oficial.

Lo que no sabíamos, es que la vida o ciertos "poderes" nos tenían una misión por desplegar, y que era la de contribuir a tejer puentes entre Europa y los Andes. Así lo entendimos, cuando llegó a Quito el amigo francés con el contrato en mano para la publicación de nuestro libro, el mismo que trataba de nuestras experiencias y conversaciones que habíamos tenido con 6 hombres de sabiduría de distintos lugares de Amerindia. Se interesó por lo que hacíamos

---

el otro o está enfocado en el prójimo, a diferencia, por ejemplo del español, que tiene un tinte egocéntrico. https://bit.ly/2RQZGqw

en el Centro de Prácticas y Estudios Andinos, e inmediatamente nos propuso que fuéramos a Francia a compartir todo lo que habíamos aprendido del camino del *yachak*.

En marzo del 2003 aterrizábamos en Lyon, felices de llegar a compartir la sabiduría andina, y de que no arribemos a Europa en calidad de estudiantes o para trabajar en sus empresas o como turistas. Nos dimos cuenta de que, si hubiéramos estado preparados solo con los conocimientos de los pueblos occidentales, jamás hubiéramos llegado a Europa en calidad de maestros. Nuestra situación era muy diferente al de la mayoría de latinoamericanos, que llegan a Occidente buscando aprender de sus ciencias para intentar trasplantarlas o activarlas en Amerindia. Otros buscando hacer una pequeña fortuna para algún día regresar con ella a su tierra. O aquellos, que les interesaba conocer más Europa o EEUU que su propio país, y mucho peor todos los Andes.

Por lo que sentíamos un sano orgullo, pero al mismo tiempo una gran responsabilidad y seamos dignos embajadores de los pueblos milenarios de los Andes. De otra parte, tomamos conciencia de que no fue casualidad que la vida o ciertas entidades, a través de mi padre, nos bautizaran como Atawallpa, el nombre del último Inca y Kitu a la época de la invasión europea. Había algo ahí que teníamos que cumplir. Comprendimos que la vida también tiene sus propios propósitos o misiones, y no solo los seres humanos.

Todos los latinoamericanos van a importar conocimientos de occidente, pero en nuestro caso íbamos allá para enseñarles la racionalidad andina. Nos resultaba difícil creer lo que estábamos viviendo, pero era así, y nos entregamos al máximo para tratar de cumplir con el mayor respeto a esa tarea que se nos habían encomendado. Intuimos que llegábamos a Europa a apoyar el "despertar" que comenzaban a vivir los también hijos de la Pachamama. Y también para profundizar la interrelación entre nuestros milenarios pueblos, entre los Andes y los Alpes, entre los andinos y los celtas, entre los *yachaks* y los druidas.

Después de Francia llegaron invitaciones para visitar otros países europeos. Así, han pasado 15 años (2017), siendo los más lindos de nuestra vida. Algo que jamás habíamos soñado ni imaginado. Fue uno de los regalos más profundos que nos había dado la vida o la conciencia suprema. Incluso adquirimos la nacionalidad francesa y tuvimos un hijo francés, con ello terminando con las fronteras creadas. Sentíamos que nuestra única nacionalidad era la terrígena y la solar. Realmente fue (y es) un honor y un privilegio cumplir con esa gran misión que nos concedieran. Sentimos que lo hemos cumplido a cabalidad, y esperamos hacerlo más profundo en los próximos años.

En todos estos años, nos dimos cuenta de que los hermanos europeos también eran víctimas del colonialismo, que ellos al igual que nosotros habían sido despojados y desmembrados de la relación con la naturaleza y con lo sagrado. Que había un proyecto colonialista mundial para enajenar y domesticar a la humanidad, y que ellos fueron los primeros colonizados por el monoteísmo patriarcal de origen mesopotámico y persa (abrahámico). Y a su vez, ellos ya cristianizados por los romanos, lo hicieron con el resto del mundo en estos 500 años.

Las élites monárquicas y esclavistas configuraron un pensamiento absolutista y universalista para domesticar a todo el mundo, empezando por su propia gente. Este pensamiento monista es el "babelismo"[2], el que pretende crear un planeta monolingüe, monoteísta, monocultural, monopólico, y monárquico. El "babelismo" es un proyecto de dominación mundial, y para que ello sea posible lo debieron hacer primero con su pueblo.

---

2 El neologismo "babelismo" hace referencia a la torre de Babel de la que habla el génesis 11, y lo entendemos como la monolingüización y monopolización del mundo por parte del patriarcalismo.

Afortunadamente, muchos europeos (y occidentales en general) están despertando y han reaccionado críticamente hacia la "civilización de Babel", la que está acabando con todas las formas de vida del planeta. En este sentido, la des-babelización o descolonización o descivilización, debe ser un proyecto mundial tanto para las periferias como para los centros. No solo es necesario un poscapitalismo, ni siquiera una posmodernidad sino una transcivilización, en la que, confluyendo los saberes acumulados de todo del mundo, podamos mirarnos de igual a igual y aprender mutuamente ("ecología de saberes").

Estando todavía en nuestros peregrinajes por Europa, nos enteramos en el año 2008 de que se había introducido en las constituciones de Bolivia y del Ecuador, el paradigma andino del Suma Qamaña/Sumak Kawsay, bajo la traducción de Vivir Bien y Buen Vivir, respectivamente. Nos entusiasmó tanto aquello, que comenzamos a prestar más atención a lo que se escribía al respecto y a observar con más detalle lo que hacían Evo Morales y Rafael Correa. Nuestra desilusión vino rápido, lo que decían y hacían a nombre del SQ/SK, no era lo que nosotros habíamos aprendido, era un remedo de todo ello. Se estaba haciendo una folclorización y hasta se lo estaba prostituyendo.

En 2011 publicamos nuestro libro "Qué es el Sumak Kawsay". El cual, actualmente ya tiene 5 ediciones: 3 ecuatorianas, 1 boliviana y 1 argentina. Ahí, tratamos de explicar lo que habíamos aprendido de los "pueblos primeros" y establecer las diferencias con el tal Buen Vivir de los socialistas del siglo 21. Ahora, con este libro, pretendemos profundizar lo que los yachak nos han enseñado, para marcar distancia y hacer rupturas con muchos pensadores provenientes especialmente de la academia, pero ante todo, con los intelectuales defensores del progresismo o socialismo del siglo 21.

En estos últimos 6 años tuvimos que volvernos analistas políticos, algo que no lo habíamos hecho antes, para poder rebatir todo cuanto se decía por los intelectuales y los políticos, nacionales y extranjeros, sobre el Buen Vivir y el Sumak Kawsay. En 2014 publicamos un libro conjunto entre varios autores, al cual le titulamos Bifurcación del Buen Vivir y el Sumak Kawsay, en el ánimo de establecer los quiebres entre las posturas liberales/marxistas con las autóctonas o indígenas.

En este período de "análisis teórico", hemos escrito numerosos artículos y ensayos para explicar el pensamiento andino y para analizar los acontecimientos desde la visión del yachak. Es evidente que el *Sumak Kawsay* no puede ser entendido desde el pensamiento del "babelismo" de izquierda, sino desde la racionalidad andina.

En todo caso, creemos que se puede abrir el Buen Vivir para construirlo con el aporte desde varias corrientes, pero siempre guardando su matriz, caso contrario, se puede convertir en un mamotreto, que es justamente lo que han hecho los socialistas del siglo 21, y de alguna manera también las otras izquierdas con sus críticas, y obviamente la derecha con sus burlas.

También, nos hemos dado cuenta de que tenemos diferencias con algunos miembros del autodenominado "movimiento indígena", los cuales están muy influenciados y hasta infectados por concepciones babelísticas o coloniales, que desvirtúan y hasta deforman la racionalidad andina. El hecho de tener un fenotipo autóctono, no significaba que necesariamente su modo de sentí-pensar sea el vernáculo o el propio de su cultura milenaria. Esa es otra forma de racismo, el dejarse llevar por una apariencia física. Y en sentido inverso, nos hemos encontrado con gente cuyo fenotipo era occidental, pero su senti-pensamiento era indígena. Lo indígena no es propiedad de un fenotipo ni representa un color de piel sino el de un tipo de conciencia, que la ha habido en todos los pueblos del mundo

Incluso, nos encontramos en Europa con algunos que resultaban ser más "indios" que los indios de poncho. Por lo tanto, no hay que dejarse engañar por los ropajes o máscaras indígenas, ya vemos el caso de Evo Morales. Todo esto, nos hizo ver que lo indio o lo indígena no es una forma física o un poncho sino, una epísteme y una doxa (en lenguaje académico). Por ello, preferimos hablar de "andino", que integra a todo y a todos.

Es en este sentido, creemos que es urgente y necesario poner en el tapete el punto de vista del yachak, de cómo éste entiende la "realidad". Y así mismo, de cuáles serían las acciones para encaminar las propuestas a otros niveles, para que se conviertan en una alterativa (no: alternativa) real para los Andes y una guía para el mundo. El aporte del *yachak*, junto con el de otras racionalidades para construir un mundo intercultural, con el soporte y participación de varios saberes de todo el mundo.

La tarea es ardua y comprometida, pero ese el camino del *yachak*, el de asumir el papel que le corresponde. Y ahora, lo más importante es estructurar bien los conceptos y paradigmas, para establecer con claridad la diferencia estructural con las concepciones del babelismo de derecha e izquierda. A esto hemos dedicado los últimos 4 años, para ir recreando una teoría social de acuerdo con las actuales situaciones de vida. A construir/reconstruir, el primer pensamiento verdaderamente "interamericano"[3] en estos 500 años de colonialismo. Este libro resume aquello.

Hemos senti-pensado que hay que abrir otra categoría de racionalidad, para abrir el análisis y el debate a otros tramos y a otras dimensiones a las que oficialmente han sido establecidas e

---

3 La palabra colonial de "Latinoamérica" no representa a todas las américas, y el de resistencia indígena como Amerindia o Abya Yala no identifica a todos. Proponemos "Interamérica" para englobar a los distintos aportes provenientes desde lo indígena, negro, latino, y otros.

impuestas por el babelismo, a través de sus categorías de izquierda/
derecha, o marxismo/liberalismo.

A ésta, la hemos denominado "racionalidad *yachak*" o "*yachakismo*", con lo cual aspiramos que el pueblo andino y el mundo en general, perciba que hay otras formas de concebir la "realidad" y que hay otras posibilidades de cambio social. El capitalismo y el socialismo, no son los únicos ni los mejores sistemas que el mundo tiene por elegir. Hay otros sistemas, y uno de los más antiguos es el modelo de comunidad o también llamado aldea. Todo ello, en la consideración de que lo colectivo o ecosistémico social, es la salida más rápida y mejor elaborada que tiene la humanidad para revertir el cambio climático y poder salir del caos global.

Lo aldeano o aldeista es un sistema con muchos siglos de experiencia, y que todavía sigue vigente en una parte del mundo. En occidente donde había desaparecido completamente, está renaciendo bajo el nombre de ecoladeas y de cooperativas integrales. Y en el resto del mundo, se están fortificando bajo el nombre de comunidades.

De otra parte, las propuestas de autonomía están trastocando las luchas de resistencia y de transformación, que antes solo provenían desde la izquierda y el marxismo. Las aldeas zapatistas, de Oaxaca y otras en México, son las vanguardistas en este propósito. Y ese mismo camino, están siguiendo otras aldeas y pueblos en diferentes partes del mundo.

En este sentido, proponemos a la aldeidad o aldeismo, como el paraguas para que agrupe a distintas acciones de cambio emprendidas bajo distintos nombres en toda la Madre Tierra: sumak kawsay, buen vivir, bien común, decrecimiento, democracia en procesos, sociocracia, biocracia, etc.

Formalmente, este libro es una reunión de varios artículos escritos indistintamente durante los últimos años y que han sido recopilados para armar esta propuesta teórica. Por lo que pueden ser leídos en el orden que se desee. Este libro es tan solo una introducción a lo que los tercero-excluidos o tercerizados[4] quieren expresar, y en el que hemos hecho nuestro esfuerzo por sistematizarlos y ordenarlos, especialmente en lo que hemos llamado la "racionalidad yachak", del que hasta ahora existe muy poquísimo escrito.

Usted tiene la palabra y acción.

–Solsticio de diciembre 2017

---

4 "La tercerización es un concepto que viene del mundo de las empresas. Es una práctica que llevan a cabo las firmas cuando contratan a otra para que preste un servicio que, en principio, debería ser brindado por ella misma. Este proceso, en la economía, suele realizarse con el objetivo de reducir costos. En forma análoga, cabe hablar de tercerización cada vez que la familia subcontrata a otros agentes para realizar tareas que hizo históricamente por sí sola.

Pero este nuevo paradigma en el caso de la crianza no está exento de problemas afectivos. En efecto, las madres ocupadas suelen desarrollar una sensación de culpabilidad por tener que dejar a sus hijos al cuidado de otros." El día, 26 enero 2018, La tercerización de las funciones familiares. https://bit.ly/2D77A6C

El retorno de los sabios

"Ustedes saben bien, de antemano, que las palabras que decimos los indios son palabras increíbles para el hombre blanco.

Pero escuchen y no se cierren en sus razones, que nosotros hemos vuelto para recordar las vidas que teníamos en estas tierras y para acompañar el proceso de retorno. El tiempo vuelve a estar de nuestro lado, vuelve a exigirnos el regreso..."

–EZLN

Muchos se han hecho la pregunta: cómo fue posible que un puñado de "conquistadores" pudieran invadir y dominar a un continente (Amerindia[5]) mucho más grande que Europa y con una población de más de 100 millones de habitantes. Las respuestas han sido de todo tipo: la bravura del conquistador, las tácticas de guerra, las armas sofisticadas, las enfermedades traídas, la ingenuidad y el salvajismo de los pobladores del "Nuevo Mundo", la decadencia de sus naciones, la confusión de sus profetas con los conquistadores, etc.

---

5 Modernamente también llamado Abya Yala, cuyo propósito es diferenciar a los dos pueblos principales que habitan actualmente esta región con sus diversas ontologías y epistemologías.

Pero muy pocos, se han detenido a estudiar sus mitos o imaginarios, en los cuales dejaron principios y sabidurías de vida, como también guías y orientaciones para las generaciones venideras. Mitos que para los colonizadores y cientistas sociales han sido simples supersticiones o pensamientos mágicos, nada más. Sin entender que los pueblos -en todo el mundo- han utilizado múltiples estructuras, lógicas, racionalidades y representaciones para captar y recrear la "realidad"; como también para expresar su manera de concebir la vida, y para comunicarse o dejar enseñanzas a la posteridad.

La mayoría de que lo que se ha dicho sobre el mundo amerindio, es lo que interpreta el colonialismo desde su propia lógica de formación babélica, y no desde quienes las idearon y las construyeron. Por tanto, en todo ello hay mucho de especulación y de prejuicios, llegando en muchos casos a rayar en interpretaciones malintencionadas, con el claro propósito de presentar una imagen distorsionada y negativa, en sus objetivos colonialistas.

Un investigador serio debería apartarse de las teorías únicas o universales, o al menos ponerlas en duda o en cuestionamiento para acercarse a otras verdades, o al menos para desde una posición intercultural ver desde distintos ángulos. Y lo mínimamente riguroso, es conocer las ontologías y epistemologías del otro para presentar versiones contrastadas, tal como se exige en el periodismo responsable. Irónicamente, la academia resulta muchas veces ingenua en sus apreciaciones, pues solo aplicando el sentido común o el instinto humano se pueden leer de otra manera los procesos; lo que refleja el adoctrinamiento que hace su sistema educativo.

Aquí haríamos nuestras a las palabras del sup Galeano (ex-sub Marcos): "O tal vez usamos un reloj de arena porque nuestro afán de entender no es interés académico, científico o descriptivo, o pretendido y torpe tribunal que piensa que sabe todo y puede opinar de todo, porque, es sabido y lo confirman las redes sociales, cualquier tontería encuentra seguidores, y se conforman los rebaños para el pastor que, a su vez, es parte del rebaño de otro pastor y así les va."

Lo que es claro, es que se hace necesario y urgente el reescribir totalmente la historia y la racionalidad[6] de los "pueblos primeros". En el mejor de los casos, que los desposeídos y excluidos escriban su propia versión epistémica e histórica. Para ello, es indispensable entender que las formas occidentales no son las únicas ni las mejores expresiones para definir y sistematizar la "realidad", peor para interpretar lo que fue creado por los no-occidentales. Esto, es lo que se conoce como eurocentrismo y que nosotros preferimos denominarle "babelismo", pues va más allá de Europa y es mucho más antiguo antes de que se asiente en esta parte del mundo. El babelismo viene desde el patriarcalismo abrahámico originario del Oriente Medio, que luego se extendió hasta Europa y de ahí al mundo entero.

Este racionalismo configurante del babelismo, no ha podido comprender, peor sentir a otras formas de conocimiento que se expresan desde otras categorías y metodologías. Se han quedado en la forma y no han podido entrar en el contenido, para descubrir la racionalidad que entrañan a las otras manifestaciones, que hasta podrían ser de más "complejidad" –como dice Morin-, por lo que algunos temen verse como inferiores según sus categorías y variables de análisis.

El babelismo configuró y estructuró su sistema, y al cual le denominó "civilización", y su proyecto final es la "globalización"

---

6 Entendemos por racionalidad, a aquella postura integral que interrelaciona la razón o el logos con la percepción y el sentimiento. No es lo mismo: razón, racionalismo y racionalidad. La separación y ruptura con la sensibilidad hizo de la razón un logocratismo, con todas las deficiencias y deformaciones que ello implica. Lo que ha traído graves resultados para el planeta y para la especie humana en que por primera su sobrevivencia está en entredicho.

de este paradigma. El babelismo engloba al patriarcalismo, al esclavismo, al antropocentrismo, al racismo, al sexismo, al capitalismo, y a todo lo que ha separado e inferiorizado en su camino de colonización.

La civilización en su última etapa llamada la "modernidad", particularmente aquella que la llaman la "ilustración" y el "positivismo", creyeron que habían llegado a la "realidad de la realidad" a través de la objetividad con el soporte de toda la lógica newtoniano-cartesiana. Pero, con el aparecimiento de la física relativista y posteriormente de la mecánica quántica, se ha visto que la objetividad o la materialidad son tan solo filtros -entre otros- para intentar interpretar la "realidad".

Según éstas últimas ciencias, el universo es un "caos organizado" y no un ente ordenado o mecánico fijo, ni el tiempo es lineal ni progresivo sino cíclico y complejo, ni los cuerpos en el cosmos están separados sino que están unidos por las supercuerdas, ni que existen tres dimensiones sino que hay múltiples dimensiones, etc. En definitiva, que no hay un universo sino un multiverso o pluriverso. Conceptos que coinciden con las visiones de muchos pueblos ancestrales, especialmente con las concepciones chamánicas[7] de varias regiones del mundo (incluido la propia Europa), quienes ya lo habían comprendido desde hace cientos de años. Siendo justamente los "chamanes esenciales" (*yachak en lengua kichwa*) los que más se han acercado a captar la "realidad", saliéndose de toda forma

---

7 Occidente denominó y englobó con el nombre de "chamanes" a una serie de personajes que guardan o son depositarios de una variedad de conocimientos que se salen de la lógica positivista. Aunque luego la misma sociedad de mercado se encargó de lanzar neo-chamanes con afanes lucrativos y que han desprestigiado a esta forma de conocimiento milenario y mundial. Y muchos académicos, ni siquiera la han experimentado pero ya las califican de saberes esotéricos, por el contrario, otros han terminado validando y han rebasado el academicismo deviniendo chamanes.

de interpretación cultural / social / educativa / política, para entrar en la "energía pura" y poder "ver" la realidad tal cual es.

Este es el "camino del yachak" (al que nosotros también le denominamos "yachakismo") del que hablan sus iniciados y maestros andinos. Camino en el que el aprendiz tiene que aprender a limpiarse de todos los filtros adquiridos en el medio social y cultural, dejando caer los velos o prismas que deforman la conciencia, para llegar sin ninguna forma interpretativa a la realidad de la naturaleza y a la naturaleza de la realidad. Hoy, después de 500 años una parte de la ciencia oficial comienza a darles la razón, valorando sus capacidades y sus cosmocimientos[8]. Incluso, ya se pueden experimentar en laboratorio algunos fenómenos naturales que ellos hablan, como por ejemplo la emisión de energía electromagnética que genera el cuerpo humano, uno de los elementos fundamentales del "chamanismo esencial". Sin embargo de ello, todavía la mayoría de la ciencia baconiana, sigue calificando a los cosmocimientos chamánicos de charlatanería, de esoterismo, de romanticismo, de esencialismo, de pachamamismo.

1. LOS MITOS DE RETORNO

> *"Los caciques, que eran los señores, y los bohiques (que llamaban a los sacerdotes) en quien estaba la memoria de sus antigüedades, contaron por muy cierto a Cristóbal Colón y a los españoles que con él pasaron, que algunos años antes de su venida lo habían ellos sabido por oráculo de su Dios. Y fue de ésta manera: que el padre del cacique Guarionex, que era uno*

---

8 Establecemos la diferencia entre conocimientos y cosmocimientos, la primera palabra expresa saberes reducidos (cono) por el cartesianismo y el positivismo, y que implica la pérdida de la visión integral y holística de la sabiduría (cosmos), que expresa la segunda palabra.

de los que contaban, y otro reyezuelo con él, consultaron a su Zemí (que así llamaban ellos al ídolo del diablo), y preguntándole qué es lo que había de ser después de sus días, ayunaron para recibir la respuesta, cinco o seis días de arreo, sin comer ni beber cosa alguna, salvo cierto zumo de yerbas, o de una yerba que bastaba para sustentarlos para que no falleciesen del todo; lloraron y disciplináronse reciamente, y sahumaron mucho sus ídolos, como lo requería la ceremonia de su religión: finalmente, les fue respondido, que aunque los hombres esconden las cosas venideras a los hombres por su mejoría, agora les querían manifestar a ellos por ser buenos religiosos, y que supiesen como antes de muchos años vendrían en aquella isla (La Española: Haití - Sto. Domingo) unos hombres barbudos vestidos todo el cuerpo, que hundiesen de un golpe un hombre por medio con las espadas relucientes que traían ceñidas, los cuales hallarían los antiguos dioses de la tierra, destruyendo sus acostumbrados ritos, y derramarían la sangre de sus hijos o los llevarían captivos, haciéndose señores de ellos y de su tierra."

En este párrafo de la obra "Historia Eclesiástica Indiana" del padre Gerónimo de Mendieta, se relata que Colón tuvo ya noticias de estas predicciones o anuncios que habían sido hechos por los "chamanes" de estos pueblos. Lo que nos lleva a colegir que no se equivocaron, y a preguntarnos cómo lo supieron o cómo lo hicieron para saber lo que advenía. El contenido de esta obra es fundamental, tanto que la Casa Real impidió su publicación, y solo se la pudo publicar 300 años después en México, gracias a Joaquín García Icazbalceta.

Éste, es uno entre varios relatos que fueron recogidos en la primera época de la llegada por los propios autodenominados conquistadores, de como los "chamanes" ya habían previsto lo que sucedería con la presencia de los invasores. Lo cual, evidentemente, implicó el trazado de un largo plan por parte de sus estrategas, para no desaparecer ante lo que llegaba y para su retorno en otras condiciones, una vez que se haya superado la invasión y la colonización que se les impondría.

Posteriormente, y a lo largo de estos 500 años otros investigadores han recopilado otras versiones en distintas épocas y en varios lugares de Abya Yala. Mensajes y tareas, que han sido recogidos con diferentes nombres según la región y la lengua, pero en la que todos ellos hablan de lo mismo, de un RETORNO: Inkarri, Ketzalkoalt, Ibegorun, Bochika, Komizahual, Kukulkan, Pomé, Gucumetz, Mama Grande, etc.

Mitos[9] éstos, que los podríamos resumir de la siguiente manera y que fueran divulgados, antes y después, de la llegada de los colonialistas babélicos: *"Llegarán hombres de otras tierras con fuerzas destructoras poderosas. No servirá de nada enfrentarlos, si lo hacemos seremos desaparecidos físicamente sobre la faz de la tierra. Pero si dejamos que nos invadan, sobreviviremos y podremos regresar en otras condiciones después de 500 años, el tiempo necesario en el que la humanidad estará en una nueva conciencia."*

Esta estrategia, se la aceptó y se la cumplió en casi todo el continente. La mayoría de la población no enfrentó a los invasores y se dejaron dominar; lo que permitió que pervivan hasta la actualidad en un gran porcentaje, y de que hoy sean un grupo influyente y hasta decisorio en algunas regiones, y estén incidiendo decisivamente en el destino de esos territorios. Los indígenas de Bolivia, Guatemala, Perú, México, Ecuador, actualmente son un importante sector, que ya no es soslayado ni minimizado a como lo hicieran los criollos en los 500 años pasados. Incluso, en Bolivia nombraron como presidente a un indígena, aunque de pensamiento liberal/marxista, pero que es la puerta de entrada para otros que vendrán posteriormente.

---

9 No asumimos está palabra en su sentido de minimización como lo ha hecho el positivismo sino en su acepción de sapiencia.

Ésta fue la razón por la que el inca quiteño Atawallpa en los Andes o el azteka Moktezuma en México, -y así en otros tantos lugares- les recibieran apaciblemente a los invasores, como cuentan los propios historiadores coloniales. Se dejaron fácilmente someter, pues no opusieron mayor resistencia. Todo lo cual, fue interpretado por los colonialistas y posteriormente por los colonizados nacionales, de que fue su "atraso y su ignorancia" el que hizo que los confundieran con sus antiguos profetas, y por parte de los intelectuales españoles, de que fue su bravura e ingenio lo que permitió la "conquista de América".

Los *yachaks* estuvieron conscientes de que los invasores -aunque pocos- tenían muchas ventajas: enfermedades poderosas, armas sofisticadas, más experiencia bélica, etc.; todo lo cual haría imposible su defensa y peor su victoria, como lo "vieron" en sus ceremonias. Esto próximamente la ciencia actual lo va a poder demostrar de que es posible mirar el futuro, como de hecho ya lo enuncia teóricamente la cuántica y la relativista.

La Europa medieval -en caos y pobre-, que había vivido muchos años de guerras cruentas (cruzadas, inquisición, etc.), aprovecharon de esa experiencia y de su mayor capacidad armamentística, para arremeter contra una Amerindia que había estado más dedicada a la ciencia, la investigación, la espiritualidad y a compenetrarse con la naturaleza, que a provocar guerras entre sus pueblos, que aunque las habían no era el modo de vida o un sistema social a como sucedía en Europa y el Oriente Medio luego de la implantación del babelismo, y que pervive hasta nuestros días, por lo que todos somos testigos de aquello.

De ahí, que los pueblos amerindios no inventaron armas tan sofisticadas, como si lo fueron sus obras arquitectónicas, médicas, agrícolas, astronómicas, etc., que hoy admiran a la ciencia moderna. Las grandes pirámides y construcciones en piedra; las operaciones craneales; los calendarios exactos; la generación de nuevos productos comestibles como el maíz, la papa; etc., etc, fueron su desventaja, frente a la miseria y el militarismo que vivía Europa a la misma época.

En este punto vale reproducir a Rafael Bautista[10]: "La modernidad es el proceso de constitución de la subjetividad europea en "Sujeto Absoluto". Se origina en el proceso que, aquella subjetividad, experiencia el señorío (nunca antes imaginado) como dominación: es el paso del halago al Yo, y de éste al "Sujeto Absoluto". Superioridad fáctica (con todo el despojo del Nuevo Mundo) que necesita demostrar su superioridad, no solo al que ha constituido en inferior, sin ante aquellos otrora superiores (el mundo musulmán, el Indostán y la China); por eso necesita construir su subjetividad, culturalmente atrasada y subdesarrollada (como era Europa hasta la conquista). Para constituirse en centro del mundo, necesita transformar la conciencia de inferioridad que ella tenía de sí misma ante todas las civilizaciones que fueron en todo superiores a ella (...) El apologeta Taciano, en su célebre Discurso contra los Griegos, ya señalaba que estos copiaron de los babilonios la astronomía, de los persas las adivinaciones, la geometría de los egipcios, el alfabeto de los fenicios, etc. Lo mismo puede decirse de Europa, pues solo en el campo de las ciencias exactas, hay que recordar que el álgebra o al-jeber, proviene de un árabe, Al-Kowarizmi; Thabit ibn Qurra es quien desarrolla el cálculo integral, la trigonometría esférica y la geometría no euclidiana; Nasir al-Din al-Tussi desarrolla el sistema planetario ptolemaico y el sistema copernicano. La brújula, el astrolabio, el sextante, el compás marítimo, no proviene del genio europeo; los desarrollos náuticos hasta el siglo XV son, en su mayoría, desarrollos del conocimiento

---

10 Tomado del libro Del mito del desarrollo al horizonte del "Suma Qamaña" de Rafael Bautista, publicado en 2014 por el Capítulo Boliviano de Derechos Humanos, Democracia y Desarrollo.

chino; quienes inventan la imprenta (imprimiendo papel moneda ya en el siglo VIII). Las últimas revelaciones que hace Gavin Menzies, acerca del Renacimiento, desmontan otro mito: en 1434, los chinos, al mando del almirante Zeng He llegan a Venecia y Florencia, a entrevistarse con el papa Eugenio IV, donde le son entregados centenares de volúmenes que compilan todo el conocimiento chino en las ciencias, la tecnología, y la filosofía. Posteriormente allegados al papa, como Toscanelli, Francesco di Giorgio, Taccola, Nicolas de Cusa, el Regiomontano, empiezan a publicar una serie de libros que darán inicio al llamado "renacer del conocimiento europeo"; gente como Leonardo da Vinci graficará, de mejor modo, todo lo contenido en los supuestos "descubrimientos" de aquella época. Leonardo nunca fue un inventor, apenas un excelente dibujante y copista de todo aquello que ya se encontraba en aquella enciclopedia china."

Entonces, el conquistador pobre, analfabeto y mordaz, se encontró con pueblos de una gran riqueza espiritual y material, llevándose tan sólo estas últimas para la Europa babélica, lo que provocó su "renacimiento" y que les condujo a dominar el mundo. Evidentemente, no pudieron entender ni podían haberse llevado la riqueza espiritual, si ni siquiera pudieron reconocer y valorar sus epístemes y peor sus doxas; tal como lo vemos hasta el día de hoy. Nada ha cambiado desde ahí hasta ahora.

2. EL PLAN DE RETORNO

Frente a lo que advenía, los sabios amerindios (*yachaks*) antes que enfrentar al invasor prefirieron delinear un largo plan que les permita pervivir en el tiempo y en el espacio. Bajar la guardia para luego regresar altivamente con un proyecto más grande, la generación de otro mundo desde otros paradigmas e imaginarios.

Acciones programadas y necesarias para regresar después de 5 siglos y no antes. Tiempo prudencial para prepararse para el retorno de sus culturas, filosofías, y epistemologías en la conciencia de sus hijos, ahora de todos los colores. Cosmocimientos para la descolonización del mundo, no solo de los colonizados sino de los colonizadores; entendiendo que no es posible una descolonización solo para unos si no lo es para todos, es decir, para que desaparezca el colonialismo[11] babélico en todas sus formas, por arriba y por abajo.

Comenzaron paulatina y soterradamente, con la ejecución de su plan por niveles o etapas, hasta que se cumplan los 500 años y estén dadas las condiciones para que sean digeribles esos mitos o enseñanzas por la nueva humanidad en otro estado de conciencia; es decir, menos cartesiana y logocrática, y más integral y cuántica. (Obviamente, estamos conscientes que todo esto que estamos señalando, para el positivismo es superchería o subjetivismo, y en el mejor de los casos es misticismo o animismo.)

Este proceso tiene dos etapas cumbres o se divide en dos partes, de alrededor de 250 años. Durante los albores de los primeros 250 años, estuvieron en relativo apaciguamiento y en retirada. La mayoría de la población asumiendo la invasión, unos pocos refugiados en lo más alto de las montañas y otros tantos metidos en la selva enmarañada para que sea más difícil encontrarlos. No solo por huir o escapar, sino con la misión de guardar ciertos cosmocimientos y de dirigir ciertos proyectos puntuales. Los cuales debían ser develados y puestos en práctica -parte por parte- en todo este tiempo y con el propósito de seguir tejiendo el *camino de regreso.*

A los 250 años de la llegada del invasor y de su colonialismo homicida, empieza su gran reacción y su retorno concreto a partir del siglo 18, cuando abren el camino para que se produzca la deno-

---

11 Entendemos por colonización a los paradigmas que tienden a domesticar, instrumentalizar y cosificar la vida humana y no-humana.

minada "Independencia Política" de la corona española y portuguesa. En la historia interesada del colonialismo, aparecen los criollos como los grandes estrategas, sin que hagan referencia a los pueblos originarios que fueron los que la iniciaron e impulsaron. Las "naciones primeras" fueron la fuerza principal, sin ellos los "libertadores" -por más avezados estrategas militares- no hubieran podido ganar a los ejércitos realistas.

Sin embargo, la más importante acción en esta idea de "independencia política" fue la emprendida en Perú por el mestizo José Gabriel Condorcangui, más conocido por su nombre iniciático (o chamánico) de Tupak Amaru, y simultáneamente en Bolivia por Julián Apaza más conocido como Tupak Katari; quienes darían el primer salto en este sentido en el año de 1780. Luego de ellos, los criollos se animarían a desobedecer y a enfrentar a la monarquía española. Este fue el "mal ejemplo" de estos Incas y que desencadenó las posteriores rebeliones sucesivas en toda América Latina. Fueron los "indios" los que abrieron este camino y no los criollos como se cuenta en su historia y a su conveniencia.

Hugo Chumbita en su obra "El secreto de Yapeyú" dice que el General argentino San Martín fue hijo de una india guaraní, doña Rosa Guaru, y explica el papel de los ingleses en las guerras de la Independencia, el enfrentamiento entre Alvear y San Martín, el apoyo sanmartiniano a la monarquía incaica. A su vez el historiador Efraín Quesada señala que el general Artigas de Uruguay, fue nieto de una hermana del inca Tupac Yupanqui. ¿Puras coincidencias? ¿Estuvieron dirigidos indirectamente por los *yachak*?

Si bien para los pueblos autóctonos, no hubo cambio con la "Independencia Política de España y de Portugal", pues el criollo siguió actuando con la misma dureza y se mantuvo la "colonialidad del poder", se produjo una primera ruptura. De esta manera, cumpliéndose la primera parte del plan y que era romper con las monarquías europeas.

3. CORTES HACIA LA SEGUNDA RUPTURA

Continuando en este proceso de retorno hubieron muchas acciones durante todo este tiempo. Uno de los más importantes cortes hacia la segunda y definitiva ruptura, se dio en México a principios del siglo XX con la rebelión de Zapata. La misma que reclamaba la propiedad comunal de las tierras, el respeto a las comunidades indígenas, una reforma agraria radical bajo el principio de que la "tierra es de quien la trabaja".

Ésta fue la punta del ovillo para que los campesinos y los pueblos originarios ascenderían en sus reclamos y acciones para recuperar sus tierras, como al mismo tiempo para ir ganando espacio en sus derechos, especialmente con una reforma agraria que les devuelva la tierra a sus legítimos guardianes. La lucha zapatista, motivó a que en otros lares de América se activarán las rebeliones y los anhelos por conseguir grandes cambios, particularmente terminando con los latifundios y extinguiendo a los gamonales.

Después de múltiples levantamientos y rebeliones durante los primeros 50 años del siglo 20, el siguiente paso fue la creación de organizaciones propias dentro de un gran movimiento político-cultural, como medio para empoderar su presencia masiva dentro de la sociedad nacional y para incidir seriamente sobre ella. Las organizaciones sociales que emergieron jugaron un papel importante en la vida política de los Estados nacionales, como asimismo, como un medio para la reafirmación y difusión de sus principios y guías ancestrales para toda la población indígena y no-indígena, ya no solo nacional sino de todo el mundo. Especialmente hacia la izquierda marxista y nacionalista que eran las más sensibles a las reivindicaciones populares y que podían acoger de alguna manera sus demandas.

Desde los años 60 hasta los 80, el naciente "movimiento indígena" se mantuvo como brazalete indigenista de la izquierda, pero posteriormente alcanzaron su propio sitial hasta codearse y caminar de igual a igual. Por muchos años, para la izquierda solo la "clase proletaria" era la única confiable y digna de guiar un cambio profundo. Hecho que no ha sucedido hasta ahora en ninguna parte del mundo, lo que ha cuestionado la creencia de si es la única o la más avanzada clase política. Esto provocó a que los menos dogmáticos se abran a la andinidad, considerándola como una propuesta que encamina la acción social y política a otros niveles, tanto en el análisis como en las acciones de resistencia, para una transformación real y efectiva.

La izquierda, en general, no ha logrado encauzar y efectivizar la acción y el pensamiento hacia otros niveles o complejidades, pues está atrapada en los mismos esquemas ontológicos del sistema que dice combatir, lo que le impide salir del pensamiento único y del conocimiento babelista. No han sido capaces de mirar más allá del marxismo y de todo el babelismo primigenio, para introducirse en otras epistemologías, axiologías, y ontologías provenientes de la alteridad o de los "tercero-excluidos", pues en el fondo las siguen minimizando y por ello las desconocen. Son los anatemas[12] de quienes se han creído los dueños del conocimiento o del pensamiento único y universal, y que los han segregado o excluido o inferiorizado, no solo por su fenotipo sino ante todo por sus formas de concebir la "realidad", calificándolas de endemoniadas o esotéricas. Desde Aristóteles solo conciben a la vida en forma bivalente o dicotómica, cuando hoy se ha demostrado por la mecánica quántica que hay mundos y conciencias polivalentes.

Desde la "racionalidad yachak", se entiende que lo principal para una transformación individual y social es la construcción del

---

12 Anatema: "Condena moral, prohibición o persecución que se hace de una persona o de una cosa (actitud, ideología, etc.) que se considera perjudicial." RAE.

"poder social", esto es, el restaurar las formas de gobierno, de organización, y de vida aldeana o comunitaria; antes que poner todos sus esfuerzos en la "toma del poder". Sus acciones han estado enfocadas en buscar formas autonómicas, para no depender del estado-nación y que permita la autosubsistencia y la autosuficiencia, para que sea posible la autodeterminación.

El EZLN a través de sus sabios (*nawales*) lo sintetizan magistralmente: "No son las armas las que nos dan radicalidad, es la nueva práctica política que proponemos y en la que estamos empeñados con miles de hombres y mujeres en México y en el mundo: la construcción de una práctica política que no busque la toma del poder sino la organización de la sociedad." (3/09/96).

Ésta la diferencia principal entre la izquierda y los "tercerizados anatemas", en la que los primeros apuntan al "poder político", y los otros, que si bien no olvidan la acción política su accionar está fundamentalmente centrado en la reorganización comunitaria dentro un antiguo/nuevo modo de vida, para que así sea real la construcción del "poder popular". Lamentablemente, la izquierda y una parte del "movimiento indígena" pro-marxista y electoralista, no terminan de aprender de las experiencias autonómicas que se vienen dando en muchas regiones del continente interamericano y del mundo.

Desde el "*yachakismo*", la izquierda es una fuerza complementaria de los anatemas, mas no son lo mismo. Y esto es fundamental comprenderlo, para poder ser realmente una alternativa a la derecha y al capitalismo, pero principalmente a la civilización patriarcal y antropocéntrica (babelismo). La izquierda no alcanza a ver más allá de la derecha y del capitalismo, por lo que en el fondo lo que hacen es profundizar el colonialismo babelista desde el otro lado. Tan solo se plantean, en un día muy lejano, terminar con el estado, la democracia y el partido; e instaurar la sociedad comunista donde no habrá más la lucha de clases. En cambio, desde el "*yachakismo*" y el "nawalismo" eso hay que hacerlo ya, es un trabajo para ahora y no para después, obviamente siguiendo un proceso, pero desde este momento.

Todo lo contrario, a lo que han hecho los socialistas del siglo 20 y 21, que más bien han profundizado y consolidado el capitalismo y toda la institucionalidad criolla y burguesa. Siendo ésta, otra diferencia fundamental entre la izquierda y los tercero-excluidos o la alteridad. Mientras la izquierda y la derecha buscan consolidar al estado, la democracia, y a los partidos políticos; desde la "racionalidad yachak" se busca superar al estado por un sistema federativo de comunas autonómicas, a la democracia por el consenso dinámico, y a los partidos políticos por organizaciones naturales de la llamada sociedad civil. Coincidiendo de alguna manera con Marx y con algunos de sus justificativos, pero sin necesidad de pasar por el capitalismo como lo creía el joven-Marx, aunque luego el Marx-maduro se dio cuenta de que no era necesario. Sin embargo, la izquierda no se ha enterado de aquello y primero quiere fortificar el capitalismo, luego pasar al socialismo, y finalmente construir el comunismo, es decir, nunca.

La izquierda sigue atrapada en el dogma babélico de la "unión y lucha de contrarios", cuando la vida funciona en la "armonía complementaria". Siguen todavía creyendo en la dialéctica como superación de la contradicción o la de rebasar a alguien para que quede solo uno. La quántica ha venido a comprobar y ratificar lo que decían los *yachaks*, que la vida funciona por el equilibrio y la armonía entre fuerzas opuestas pero complementarias. De ahí, que han surgido eco-marxistas, etno-marxistas, marxistas decoloniales, marxistas feministas, etc., que tratan de ajustar o de actualizar el marxismo. Sin embargo, estos apellidos terminan solo como añadidos a la misma fuente epistemológica babélica, cuando debería ser al revés, en la que el marxismo sea otro ingrediente o una corriente más entre las varias ramas que configuran el pensamiento crítico, o como una parte -entre otras- en la construcción de una racionalidad integral, de complejidad y de totalidad. Pero ellos quieren ser los "más avanzados" que dirigen a todos los demás, con ello fortificando al babelismo con sus principios de "identidad", "no contradicción" y el "tercero-excluido".

Para el yachakismo, la izquierda es una fuerza amiga y de contrapeso para encontrar el punto de balance para evitar caer en algún extremismo o dogmatismo, como forma de mirarse en el otro para una crítica y autocrítica. Algo que también debería hacer la izquierda, pero no puede hasta ahora salir del antropocentrismo que le envuelve hasta los tuétanos. Sin embargo, un pequeño sector de la izquierda ya lo ha comprendido de alguna manera y mantienen otra relación con la andinidad y en general con todos los tercero-excluidos o tercerizados. Ellos ya tienen una relación de respeto a sus epistemologías y filosofías, y no son vistos simplemente como una fuerza de choque o una manilla indigenista de la izquierda. Ahora lo que les falta, es aprender y vivir sus racionalidades, para que no sea una teoría más.

Si antes de la invasión babélica a los Andes, la "interrelación entre contrarios" como modelo de vida de los pueblos indígenas, se daba entre las comunidades de arriba (*urin*) y las aldeas de abajo (*kay*), en el actual escenario, el opuesto complementario de la andinidad es la izquierda. Por lo tanto, es importante comprender que el "movimiento indígena" o la andinidad, no son de izquierda sino complementarios a ésta. Dicho de otra manera, la andinidad y la izquierda son aliadas o compañeras, mas no constituyen posiciones integrativas. Tampoco la izquierda y la derecha son hermanas, pero sí son integrativas en su ontología babelista. En este sentido, la andinidad es una *alternativa* a la Derecha, pero además *alterativa* al babelismo con su reduccionismo antropocéntrico y homogeneizador. Lo alternativo y lo alterativo son dos posiciones diferentes pero complementarias.

Ésta ha sido la manera de conducirse milenariamente por la racionalidad indígena, siempre buscando una proporción contraria que le permita oscilar para encontrar la equidad, en todo nivel y forma de vida. Lo cual, obviamente no es fácil e implica mucha creatividad para alcanzarlo. Este paradigma, es todo lo contrario del babélico que promueve la anulación de la alteridad y de la otredad, a través de la síntesis.

En otras palabras, no es suficiente salir del capitalismo sino de todo el sistema-mundo babélico de tipo patriarcal, civilizatorio, sexista, racista, especista, etc. No es posible salir del capitalismo, si no se sale en conjunto con todo lo demás. Eso no comprende la izquierda[13] y eso marca una ruptura con la andinidad y con todos los anatemas o tercerizados en su conjunto.

El EZLN ha comprendido muy bien a sus sabios o nawales y están caminando en ese sentido, pero una gran parte del movimiento indígena marxista de Interamérica todavía se ve como un apéndice de la izquierda y del marxismo, y se resiste a aceptarlo. Sin embargo, poco a poco están abriéndose a estas guías, y se encauzarán en esta estrategia más temprano que tarde. En la izquierda será más

---

13 "Interesa aquí comprender que las filosofías del ser, impuestas por las instituciones de occidente a lo largo y ancho del planeta en que vivimos, han cumplido con su tiempo y que ya es hora de repensar los nichos culturales, emocionales, y racionales desde los cuales nos levantamos. Las Américas han traído a la mano muchas racionalidades, muchas lógicas, muchas maneras de vivir, de sentir y de emocionarnos." Roberto H Esposto y Sergio Holas, Rodolfo Kusch: hacia una condición postcolonial pensada desde categorías epistemológicas situadas.

pausado, especialmente en la ortodoxa[14] y monoteísta[15] que sigue endiosando al joven-Marx.

De esta manera, los sabios mayas y aztekas (nawales), a través de la expresión pública del "subcomandante Marcos" y de otras figuras preponderantes, han dado un paso fundamental en la resistencia organizada, y ante todo con otra forma de acción política a la empujada tradicionalmente por la Izquierda.

La experiencia de Chiapas, que fuera definida y empujada a través del movimiento político-espiritual del EZLN, ha tenido el propósito de enfrentar al poder oficial desde el ejercicio de recuperación de un territorio y la generación de un gobierno de facto autonómico (Buen Gobierno). La acción de las aldeas zapatistas es la de ir recreando o reconstituyendo el sistema político cultural milenario, para ir consolidando espacios "liberados" los que se conviertan en focos impulsadores para otros pueblos, hasta llegar a la definitiva ruptura que permita el salto a la Interamérica plena.

Entonces, los elementos esenciales de corte en este proceso hacia la segunda ruptura fueron las reformas agrarias de los años 60 y la insurgencia autonomista en los 90 por el EZLN. Esto ha provocado que surjan paulatinamente más posiciones autonomistas, como en Oaxaca (México), Sarayaku (Ecuador), Wampi (Perú), y otras experiencias semi-autonomistas en distintas partes de América y del mundo.

Las reformas agrarias que se produjeron en casi todo el continente interamericano también surgieron por la acción de la andinidad y con el apoyo de la izquierda marxista, a más de ecologistas, teólogos de la liberación... Los indígenas la impulsaron a través de

---

14 "El discurso de la "cosmovisión andina", una lectura marxista del "mundo andino", por Jorge Luis Soza Soruco.

15 Sáncez Parga: Discursos retrovolucionarios: Sumak Kawsay, derechos de la naturaleza y otros pachamamismos. Periódico LA HORA, 01-02-12

distintos levantamientos que fueron realizando, pero que la izquierda la ha escrito y la reivindicado como suya. Luchas permanentes que han tenido el propósito de terminar con casi 500 años de servilismo y de esclavismo en que habían vivido dentro de las haciendas.

En esta medida, durante todo este proceso lograron llamar la atención mundial para que en ciertas esferas de acción se vayan reconociendo los derechos de los pueblos indígenas, especialmente a nivel de la ONU, la UNESCO, la OIT y demás instancias. Todo ello ha permitido que se vayan centralizando y unificando las diferentes propuestas y experiencias, las mismas -que de alguna manera- se lograron cristalizar en el Foro Social Mundial, y cuyos puntos básicos apuntan a la generación de un nuevo orden mundial. Pero que a estas alturas todo ello queda ya corto, cuando el indianismo ha rebasado muchos de sus conceptos.

A este ritmo se han dado pasos contundentes, logrando que se incorporen ciertos matices de los principios y de los postulados de los pueblos autóctonos en el pensamiento de la izquierda y en la experiencia revolucionaria. Lo que permite vislumbrar la paulatina descolonización de la izquierda, y de esta manera, se de otro eje en la dimensión política que hasta hace poco solamente venía desde el pensamiento marxista. Por tanto, ya no solo es la izquierda sino también los tercero-excluidos los que conducen el proceso de cambio.

Hasta el momento, se ha logrado que los Congresos o Asambleas Nacionales de los distintos países de Interamérica, hayan incorporado paulatinamente una serie de derechos, por ejemplo, los Derechos Colectivos, la Justicia Indígena, la Medicina Ancestral, los Derechos de la Naturaleza, el Sumak Kawsay (Buen-Vivir), etc. Instrumentos y logros importantes, pero todavía insuficientes para una presencia simétrica con los otros postulados de la población nacional.

4. ANDINIDAD E IZQUIERDA

La primera gran ruptura ("independencia política criolla") fue básicamente para beneficio de hacendados, gamonales y en general de toda la sociedad criolla o chapetona -como se llamaba en aquella época-; quienes ya no dependían de la Corona, pero que siguieron manteniendo e incluso algunos aumentaron sus ventajas. Los mismos, que continuaron con las políticas civilizatorias y epistémicas emprendida por los primeros invasores. Por tanto, no hubo ni hay ninguna "independencia", estando por hacerse todavía.

Para que la "independencia" sea real y verdadera, además de política y económica, tiene que ser ante todo ontológica, epistémica, cultural, etc. Y para que sea profunda y auténtica, deberá ser para todos, los originarios y no-originarios, los ricos y pobres, los occidentalizados y los indianos, sino, será repetir el mismo error de los llamados "libertadores", en que tan solo el beneficio fue político para los criollos ricos; por lo que en el fondo no hubo ninguna "independencia" para nadie. No habrá una "segunda y definitiva independencia", como sostiene la izquierda sino la "primera y total". Si no es total, no hay primera y peor segunda. La "independencia" es para todos o no es para nadie. Lo que ha habido es rupturas y eso es muy diferente a hablar de "independencia".

La andinidad sí avanza hacia ese propósito, cuando entendió que para lograr la "segunda ruptura" era necesario demoler con el sistema de haciendas que mantenía un control excesivo de la población indígena por parte de los gamonales. Las grandes haciendas que se vendían hasta los años 60 del siglo 20 con "animales, plantas e indios", fueron desapareciendo con las reformas agrarias que se comenzaron a ejecutar. Algunas haciendas pasaron a ser nuevas aldeas o se recuperaron como aldeas ancestrales. Lo que les ha permitido irse reorganizando y acentuando en su propio camino, dentro de sus organizaciones, y en sus particulares formas de participación político-cultural.

Esta fue una etapa de consolidación de las comunidades o aldeas, principalmente al asumir conscientemente su filiación ancestral, al ubicarse dentro de una nacionalidad o de un pueblo milenario. Un proceso de identificación y de re-asunción dentro de una personalidad arquetípica, como mecanismo de revalorización de su etnia en sus orígenes milenarios y en la concientización de su cultura como un camino estructurado para su devenir.

Posteriormente, con la llegada de la posmodernidad y de la tecnología cibernética, a través de las computadoras, el celular, el internet, etc., se han producido efectos en doble sentido. Por un lado, se produce la diáspora en las aldeas, especialmente de los jóvenes que caen en la tentación del "progreso" y el "desarrollo" urbano, infundido por la sociedad de consumo. Emigran a las ciudades y abandonan el campo, que para algunos representa el sufrimiento de sus antepasados y el trabajo duro. Otros prefieren marcharse a EEUU y Europa, en donde por los mismos trabajos que realizan en las ciudades interamericanas, les pagan más. Y el impulso mayor para abandonar aún más sus comunidades, como también las ciudades de sus países de origen, será el caos económico de los primeros años del siglo 21 que azota fuertemente a Interamérica, luego del desmantelamiento de los estados nacionales por las políticas neoliberales de la extrema derecha.

El otro efecto, es que los indígenas y campesinos pobres se toman las ciudades, pasando a formar parte de los barrios periféricos, y por otro lado, una buena parte de interamericanos (indígenas y latinos) se internan en Estados Unidos, con ello aumentando el número de miembros de esta población y convirtiéndose actualmente en uno de los grupos más fuertes y pronto serán la población inmigrante mayoritaria, con un peso decisivo en las políticas nacionales del coloso del norte.

Los pueblos originarios de Interamérica en algunos casos son minoría en las ciudades, pero en otros, han pasado a ser mayoría logrando una gran presencia en diferentes niveles y medios. La ciudad de La Paz y sede gobierno de Bolivia, hoy en día es mayoritariamente aymará; dándose el caso de que hay una nueva burguesía indígena dueña de grandes negocios y empresas, en la que algunos descendientes de "blancos" y "mestizos" son sus empleados. A más, de que algunos de ellos han logrado ser alcaldes, prefectos, diputados, etc. Se han ido paulatinamente abriendo paso en el "mundo de los blancos", compitiendo por igual dentro de sus mismos círculos, por lo que ya no son tan menospreciados ni rechazados fácilmente. Cada vez van penetrando en campos o espacios, que antes eran solo exclusividad de las élites económicas y raciales.

Sin embargo, de que van ocupando físicamente el territorio urbano y de alguna manera impregnándolos con sus modos culturales, al mismo también van asimilando formas de vida y pensamientos babelistas. Por lo que los "indios" citadinos viven entre los dos mundos, y una gran mayoría ha pasado últimamente a reconocerse como mestizos. Van recuperando el territorio y van reproduciéndose en mayor cantidad que los denominados mestizos o latinos, pero al mismo tiempo la influencia de la civilización en ellos es mayor cada día. Hay una reapropiación del territorio y de sus economías, pero no necesariamente de sus epistemologías y formas propias de gobierno, de esto no es consciente el gobierno de Morales (en el caso de Bolivia), ni la izquierda, ni una parte de la andinidad citadina. Hay más una lucha racial que cultural, y eso puede convertirse en el otro lado de lo mismo, si no hay un giro descolonizador en todos. Y para ello, la otra andinidad, especialmente la campesina juega un rol fundamental.

5. LO CONTRA-SISTEMA Y LO ANTI-SISTEMA

Tanto derechas como izquierdas aspiran a integrarse al primer mundo al que consideran el modelo, referente y meta para todos los pueblos del mundo. Sin embargo, los tercero-excluidos no han caído en ese desliz; incluso, el mayor rechazo se da al interior del primer mundo por los también tercerizados de los países desarrollados, pues los anatemas están también en occidente. Esta gente del primer mundo ha posado sus ojos en los "pueblos primeros" del denominado tercer y cuarto mundo, en quienes ven una alternativa ante su mundo consumista y anoréxico.

Ahí están ecologistas, ambientalistas, espirituales del nuevo tiempo, terapeutas holísticos, artistas de la nueva era, bio-constructores, defensores de los animales, vegetarianos, veganos, gestores del hábitat, economistas de la restitución, comerciantes "equitables", etc. Todos los cuales se inspiran en los tercero-excluidos o los anatemas para enarbolar nuevos principios y/o recuperar antiguos[16], acoplándolos a los nuevos tiempos y a las nuevas tecnologías.

---

16 "Los pueblos andinos que desde hace tres décadas han invadido las universidades regionales del Ande en un gran esfuerzo de 'reconquistar el espacio cultural', perdido en el proceso de colonización, han demostrado mediante estudios e investigaciones como de PRATEC en Perú, que efectivamente existe una tecnología andina, una tecnología sui géneris, una tecnología basada en el discurso del pensamiento seminal, como dijera Rodolfo Kusch, una tecnología bi-dimensional empírico simbólica, una tecnología que apoyada en sus rituales de producción fue capaz de hacer producir el Ande más y mejor que la tecnología racional-científica, alógena. Este auto-descubrimiento de los investigadores indígenas andinos sólo fue posible por la crítica radical al método académico con que antropólogos clásicos desesperadamente trataban comprobar la exclusiva cientificidad de sus monografías. J. Van Kessel, Dos conferencias en Antropología Andina, IECTA – CIDSA, Iquique-Puno 1997.

Han comprendido que la situación del cambio climático es apremiante pues, ya no solo se trata de acabar con la pobreza -como plantea la izquierda-, sino principalmente de una acción contra la concentración y la acumulación de la riqueza que depreda y contamina el ambiente. Lo que implica cambiar las nociones de pobreza y de riqueza, para comprender que la más grande pobreza es la que destruye la naturaleza no-humana, es decir, la vida.

Esto significa comprender que el asunto central de las diferencias sociales no está en la economía o la materialidad, sino en el tipo de relación que se tiene con la naturaleza no-humana. Ahí es donde se juega el futuro de la humanidad, entre una relación mercantil y cosificadora, y por otro, una relación vital, integral, armónica. Cuando cambie esta conciencia o filosofía de vida, cambiará la economía, la política, la salud, la administración, etc. Y no al revés, creyendo que el problema es económico y que al resolver aquello se resolverá todo lo demás. Esa fue la razón de la derrota y del fracaso del "socialismo real", pero la izquierda sigue sin comprenderlo, especialmente los "socialistas del siglo 21", que siguen repitiendo los errores de sus antecesores, lo que significa que no han aprendido nada o muy poco.

O como dice Ramón Grosfoguel[17]: "... en los paradigmas de la economía política se asume que lo más importante es el tema del sistema interestatal global y la división internacional del trabajo, articulado ambos a la acumulación de capital a escala global y se asume que si se resuelve eso pues se resuelve lo demás. El problema es que ese es el paradigma que se usó en el socialismo del siglo XX y fracasó. Fracasó porque el problema es que no estamos hablando de un sistema económico, es decir, no vivimos en un sistema económico, vivimos en una civilización que tiene como uno de sus componentes un

---

17 Entrevista Periódico Diagonal, 1-4-2013

sistema económico, pero ese sistema económico está atravesado por una multiplicidad de jerarquías de poder que no se agotan en la economía. (..). El problema con el socialismo del siglo XX es que entendía que resolviendo lo económico se resolvía lo demás y el problema es que no solamente no resolvieron lo demás sino que no resolvieron lo económico, porque si tú te organizas o luchas contra el capital reproduciendo racismo, sexismo, cristianocentrismo, cartesianismo y todos los problemas del "babelismo", se termina corrompiendo la lucha contra el capital que fue lo que pasó con el socialismo del siglo XX que terminó siendo capitalismo de Estado e incluso la construcción de un imperio, en este caso del imperio soviético, que practica un imperialismo hacia su periferia y terminó corrompiéndose en un capitalismo de Estado que termino al final con los obreros levantándose contra el supuesto Estado obrero. (...) Yo rehúso seguir hablando de "capitalismo global", "sistema-mundo capitalista" o "modo de producción capitalista". Esto nos remite a la lógica economicista de que el problema sistémico es uno económico fundamentalmente."

Para los tercerizados, no se trata de primero luchar por la "toma del poder" para desde ahí acabar con la pobreza como dice la izquierda sino, de ir replanteando la relación con la naturaleza no-humana, y a la par ir reconstruyendo un nuevo/antiguo sistema en la vida cotidiana, principalmente a través de las ecoaldeas milenarias y de las nuevas que están apareciendo y que deben irse multiplicando. Acciones para disputar políticamente los espacios de máxima dirección del Estado y de la sociedad, a través de cuestionar al pensamiento oficial, pero principalmente, para ir generando nuevas formas de producción y de economía con otros estilos de vida, para que actúen como referentes y ejemplos de que si es posible un nuevo mundo.

Las denominadas economías populares (antes llamadas informales) que son modelos no-capitalistas o que su interés máximo no es la rentabilidad ni la excelencia del capital, van poco a poco siendo sido formalizadas a pretexto de eficiencia empresarial. Esa la táctica de la derecha y la ingenuidad de la izquierda, al no entender que los modelos de integración o participación social, son las formas modernas de cooptación y asimilación al sistema oficial, para así evitar que sean espacios de ejercicio de otro estilo de acción económica y por ende de pensamiento y de vida.

Entonces, no solo se trata de luchar por otro sistema que elimine las clases sociales y cambie la propiedad sobre los medios de producción, sino que ésta será posible si se elimina la visión utilitarista de la naturaleza y cosificadora de la vida. Saliendo de una relación instrumental y usufructuaria[18] por una relación de reciprocidad y de organicidad biótica, será efectivo y real el cambio. Seguir en la misma actitud, a pretexto de pobreza o de disminución de la brecha entre ricos y pobres, solo logrará afianzar a la economía capitalista y a la civilización antropocéntrica o contra natura, que tendrán más mano de obra calificada y un mayor consumo.

Todo esto implica actuar en varios frentes. Por un lado, en una acción "anti-sistema" o al interior de la oficialidad, dentro de un nivel político-económico reivindicativo; y como "contra-sistema" o fuera del Estado a través de una reapropiación de territorios y

---

18 "Durante el tiempo de reforma a través de ciudadanización no se ha transformado el modo de relación con la naturaleza generado por la emergencia del capitalismo, que es parte de la cultura moderna. Esto consiste en concebir una separación entre sociedad y naturaleza y pensar el desarrollo como la generación de capacidades y conocimientos que permitan el dominio de la naturaleza, en particular orientada a un aumento de las ganancias. La principal alternativa global al capitalismo, que fue el socialismo, tampoco implicó una revisión del modo industrialista e instrumental de relación con la naturaleza. El socialismo fue también un modo de desarrollo moderno." Luis Tapia, El tiempo histórico del desarrollo en el libro Alternativas al capitalismo colonialismo del siglo XXI

de naturalización de formas aldeanas de vida. Para que esto sea posible, hay que ir recreando pequeños gobiernos, tanto en las ecoaldeas modernas como en las antiguas de los indígenas, para que se conviertan de alguna manera en pequeñas naciones dentro del gran estado nacional.

Por tanto, la disputa principal no está en los congresos, alcaldías y demás instituciones de la democracia colonial y burguesa, aunque es necesario hacerla sino, que lo fundamental es fomentar e impulsar formas de organización asociativa o colectiva, consolidando a las ya existentes e impulsando nuevas especialmente para la gente urbana. Reconstruyendo la vida común y corriente, lo demás viene por añadidura, es decir, de "abajo hacia arriba". Éste es el principio fundamental que debe guiar y que hay que aplicarlo a todo: cómo actuar de abajo hacia arriba. El mayor esfuerzo, dedicación, tiempo, recursos, debe estar destinado a la construcción del "poder social", pues ahora se lo destina exclusivamente a lo reivindicativo o electoral que no ha dado mayores resultados.

Ahí es donde se deben ir gestando los embriones de la nueva humanidad, para de esta manera se cumplan los propósitos de recrear la "nueva sociedad". Mientras esto no comprenda la izquierda y parte del movimiento indígena izquierdeado, no pasará nada profundo como hasta ahora hemos visto en el mundo entero. Esto quiere decir, que lo primero que tiene que hacer un revolucionario es resolverlo en su vida personal y familiar, para luego impulsarlo a nivel macro. En los discursos se habla de sostenibilidad, pero viven como pequeño-burgueses. Así, se seguirá soñando con una revolución etérea sin que se pueda hacerla efectiva en la vida diaria. Si no se es capaz de vivir el "nuevo mundo", todo son meras ilusiones o utopías que no se materializan.

Esa es la diferencia fundamental entre la izquierda y los anatemas; mientras los unos teorizan sobre el "hombre nuevo", los otros ya lo están experimentando y viviendo en la cotidianeidad. La revolución es aquí y ahora, en la vida diaria y concreta, lo demás es pura masturbación mental. La izquierda no se cansa de masturbarse, sin que puedan vivir aquí y ahora el mundo que desean y promulgan. Pasan su vida luchando por la "patria nueva", y se mueren gritando como machos alfa "socialismo o muerte", sin que hayan llegado a conocer y vivir el "nuevo sistema" en su casa y con su familia.

Por ello, el fracaso de los socialistas del siglo 20 y 21 que llegaron al poder y no supieron cómo construir la "nueva sociedad". El propio Fidel Castro lo reconocía: "Fue un salto al abismo. Queríamos hacer justicia, pero no sabíamos cómo se hacía.[19]" Siendo justo ese el problema, en que lamentablemente no entienden hasta ahora en que abismo están y peor que puedan o vayan a salir del abismo. Como están todavía en el abismo, no pueden ver más allá de sus narices y están desfasados a lo que hoy es profundamente revolucionario. La prueba de todo ello, es que su improvisación y experimentación no les ha conducido a salir del abismo sino que han terminado absorbidos por la economía capitalista. Pues, quién no vive como predica, solo tiene capacidad de criticar lo viejo pero es incapaz de crear algo nuevo, por lo que a la final se hunde junto con lo caduco y obsoleto que dice que quiere cambiar.

Por tanto, lo que se trata es de rebasar la economía de sustracción por una economía de restitución o de reposición. Es decir, no se trata de saltar de una economía neoliberal a una economía desarrollista-estatista-centralista, (u otras variantes alrededor de lo mismo) como han empujado las izquierdas, sino el de posicionar y de empoderar a las formas económicas comunitarias o asociativas (aldeismo), a nivel nacional, regional y mundial. En la dicotomía babélica, solo se habla de economía de mercado y de economía centralizada

---

19 La hija de Fidel, Mariela Castro señala que eso le dijo su papá. https://bit.ly/2T2TB03

de estado, con sus distintas variables entre ellas; pero para los tercero-excluidos lo más importante es la economía colectiva o aldeista.

La izquierda ha procedido a crear la "economía social y solidaria", pero ha quedado subsumida dentro de la economía privada; y desde la posición de los anatemas tiene que ser vista realmente como una tercera economía, y debe ser empoderada para que compita con la economía privada. La izquierda quiere una economía dirigida desde el Estado, la derecha desde el capital privado, los tercerizados desde lo colectivo.

Las formas económicas colectivas de los indígenas, en la época de la "conquista de América" fueron valoradas por la Corona Española, los que las mantuvieron y las aprovecharon por las ventajas que traía, para aumentar la riqueza de la realeza. Esta forma de producción sobrevivió hasta la época de la "Independencia", luego de lo cual se fueron recluyendo y en su lugar los progresistas liberales empezaron a enarbolar las modernas formas capitalistas, en oposición a los conservadores que continuaban con las formas indígenas.

Los primeros conquistadores transformaron las comunidades indígenas en haciendas, pero mantuvieron el mismo sistema de organización y de producción comunitaria, tan solo cambiando el destino de las riquezas, las que dejaron de ser distribuidas entre toda la población y pasaron a ser concentradas y centralizadas para las élites monárquicas. Ese sistema, sobrevive de alguna manera y debe ser repontencializado y/o renovado para un cambio estructural verdadero, pues las experiencias económicas de la izquierda han fracasado rotundamente incluso, mucho más que las de la derecha.

Las economías aldeanas son una alter-nativa específica y real, que han sido probadas y experimentadas en miles de años, en todo el mundo. Sistema que demostró que es posible eliminar la pobreza y establecer un modo de vida en equilibrio social y natural. Tal como lo reconocieron muchos cronistas de la época y que trataron de emular para Europa, surgiendo varios pensadores como Tomás de Campanela[20] o Marx, que proponían sistemas parecidos al de los indígenas. La teoría socialista y comunista europea, tuvo en los Andes Incaicos o el Tawantinsuyo su gran fuente de referencia en su propósito de reproducir una sociedad de esas características para Europa y el mundo. Y eso es lo que debería hacer la izquierda actual, ir al fondo y no solo tomar ciertos matices indígenas para luego darle un condumio eurocéntrico, que es lo que hicieron los socialistas utópicos y Marx, de ahí el fracaso de estos proyectos.

Éstas han sido las tácticas de los estrategas milenarios (yachak) que han ido marcando el ritmo y aplicando las tácticas adecuadas para ir abriendo el terreno del nuevo mundo. Espacio en el cual, se genere una nueva cancha con un juego diferente, esto es, dentro de otras características y en otras condiciones a la colonial: *"un mundo en donde quepan todos los mundos".*

Ese el propósito y las guías delimitadas en los llamados *"mitos de regreso".* "Mitos" que los cientistas sociales todavía no los conocen y/o los han revalorizado[21], solo se han guiado por los patrones de

---

20 En su obra "La ciudad del Sol", inspirado en el mundo indígena promueve la creación de un Estado teocrático universal basado en principios comunitarios de igualdad. Proyecto social que debía guiarse por las leyes naturales y del que quedaban excluidos la propiedad privada y el individualismo. La ciudad perfecta debe estar gobernada por las mismas leyes que regulan el universo, de tal modo que se convierta en un verdadero mediocosmos intermedio entre el hombre (microcosmos) y el universo (macrocosmos). Por ello fue condenado y acusado de rebelión y herejía, pasando 27 años en prisión.

21 "Tal vez, ciertos reduccionistas amantes de la política tradicional (de todos los colores) no lograrán comprender de qué forma este tipo de cosmovisiones se constituyen como políticas revolucionarias. A lo mejor, la sociedad dominante -y alguno que otro ciego político de la eterna crítica- buscará en sus maneras racionales (occidentales, demasiado occidentales) un salvoconducto que le evite la responsabilidad de reconocer el corazón

sus ciencias sociales y desde sus categorías empíricas babélicas, sin comprender que hay pueblos que manejan otras dimensiones y variables, siendo capaces hasta de diseñar proyectos de largo aliento.

Casi nadie en la cientificidad social ha podido vislumbrar las estrategias y tácticas llevadas soterradamente por la "racionalidad yachak" para la construcción del "ser humanidad". Nuevo ser humano que toma conciencia de que es parte de una conciencia biosférica y que despierta en su vida personal al "ser tierra". Estado de conciencia que posteriormente le permitirá abrirse al "ser cosmos".

Estos son los diferentes estados de conciencia, que tienen que activar los seres humanos. Cada estado de conciencia implica la creación de un sistema social acorde con el mismo, y hoy hay que fortificar el "ser humanidad" superando los sexismos y los racismos. Para ello será fundamental el equilibrio varón-mujer, pues el patriarcalismo sobremontó a los hombres sobre las mujeres y luego sobre las otras etnias. Éste el gran desafío de los próximos 30 años, para despejar más el camino.

El 21 de diciembre del 2012 (fin del calendario maya, es decir, el fin y el inicio de la nueva era), pocas horas después de la marcha silenciosa protagonizada por los indígenas de Chiapas-México, apareció un comunicado firmado por el Comité Revolucionario Indígena y la Comandancia General del Ejército Zapatista de Liberación

---

que por ser somos y, así, seguirá sobreexplotando a la tierra y sus bienes naturales, negando al Sol y a la Luna, viendo sin ver y garantizando de esta forma un suicidio seguro -relaciones humanas de subordinación y violencia de por medio-. Lo que grita el silencio indígena es la piedra sobre la cual el resto de las cosas deberían existir, incluida la política como organización de la vida social. Lo que grita en su silencio es que el reconocimiento de la vida es vivir en nuestros corazones, corazones vivos unidos por la fe del creer: creencia universal." Marcelo Fernández Farías, La situación actual del zapatismo: un ejemplo latinoamericano de reivindicación étnica. Monografías.com

Nacional, que decía: *"¿Escucharon? Es el sonido de su mundo derrumbándose. Es el nuestro resurgiendo. El día que fue día era noche, y noche será el día que será el día".* Con ello, cumpliéndose lo que dijeron los antiguos sabios (*yachaks*) hace ya más de 500 años: *Llegará la noche en mitad del día, pero luego regresará el día en mitad de la noche.*

BAUTISTA Rafael, Del mito del desarrollo al horizonte del "Suma Qamaña", 2014, Capítulo Boliviano de Derechos Humanos, Democracia y Desarrollo.

ESPOSTO Roberto H y HOLAS Sergio, 2012, Rodolfo Kusch: hacia una condición postcolonial pensada desde categorías epistemológicas situadas. https://bit.ly/2QIrSao

MENDIETA Gerónimo de, Historia eclesiástica indiana, 1870, México, Biblioteca virtual Miguel de Cervantes.

OVIEDO Freire Atawallpa, Los hijos de la Tierra, 1998, Tierra Nueva, Ecuador

OVIEDO Freire Atawallpa, Caminantes del Arcoíris, 2007, Abya Yala, Ecuador

PONCE DE LEON Paiva Antón, Y... el anciano habló, 2006, Deva, Argentina

SOZA Soruco Jorge Luis, "El discurso de la "cosmovisión andina", una lectura marxista del "mundo andino".

TAPIA Luis, El tiempo histórico del desarrollo en el libro Alternativas al capitalismo colonialismo del siglo XXI

VAN KESSEL J., Dos conferencias en Antropología Andina, IECTA – CIDSA, Iquique-Puno 1997.

2

Urbanismo, Mestizaje y Desarrollo
Últimas Formas Neo-colonialistas

LA *GAMEINSCHAFT* y LA *GESELLSCHAFT*

El sociólogo alemán Ferdinand Tönnies en su obra de 1887 *Gameinschaft* und *Gesellschaft*, estableció una serie de diferencias entre *comunidad y sociedad*, presentando a esta última como un avance o un mejoramiento en la vida social, al considerarla como una forma racional y superior a la *comunidad*.

Ésta, era otra forma de presentar o desarrollar la dicotomía babélica: de pueblos avanzados y atrasados, civilizados y salvajes, cultos y primitivos, urbanos y campesinos, cultura y naturaleza, etc. La que, en nuestro tiempo ha mutado a países del primer mundo y tercer mundo, desarrollados y subdesarrollados, rápidos y lentos, etc. En la que, obviamente lo occidental es lo superior y el resto del mundo es inferior o menor o peor.

Tonnies recibió críticas y adhesiones en varios sentidos, pero todas ellas coincidían en que la *sociedad* representaba una evolución o un nivel superior de organización social al de la *comunidad*, es decir, la supremacía de lo urbano sobre lo rural, de la ciudad sobre el campo, de lo individual sobre lo colectivo, de lo privado sobre lo cooperativo, de lo liberal sobre la "aldeidad", etc.

En efecto, la *sociedad*[22], representaba el triunfo del pensamiento burgués y liberal, a través de su defensa de los derechos individuales y de la libertad individual, sobre los derechos colectivos y la primacía de la colectividad. En definitiva, la consolidación del capitalismo, del derecho de propiedad privada, y de la instrumentalización de la naturaleza.

Este empoderamiento de la sociedad y del individuo, se fue ampliando y profundizando hasta llegar a los niveles actuales con el denominado neoliberalismo, en donde prima absolutamente el individuo antes que la colectividad, o lo privado-público-estatal sobre lo comunal-asociativo-cooperativo. Sin embargo, este triunfo de lo individual terminó en un individualismo, y cuyo resultado es la extinción cada vez mayor de la ayuda mutua y de la solidaridad como estilo y forma de vida.

La soledad del hombre civilizado o de la sociedad libre e individualista[23], representa la extinción del ser humano integral y en completud, que tuviera por miles de años en la forma de aldeidad o de cooperatividad. El filósofo coreano Byung-Chul Han: "En

---

22 Algo que es muy visible actualmente, cuando observamos cómo se han posicionado estos conceptos y el clímax que han alcanzado a los 130 años de lo que recién hablaba Tonnies; pero al mismo tiempo, de su cuestionamiento y del renacimiento de las comunidades en occidente a través de las ecoaldeas.

23 "La soledad en el Reino Unido es un asunto de Estado. Este mal, que según un reciente estudio afecta a 9 millones de británicos, tendrá su propio departamento en el Gobierno (Ministerio de la Soledad). En el Reino Unido, la mitad de los ancianos de 75 años o más viven solos. Eso equivale a unos dos millones de personas. Este problema también afecta a otros países de Europa. En España, cada vez hay más personas mayores que viven solas y cada vez son más los ancianos que fallecen solos en su domicilio. El Reino Unido crea un Ministerio de la Soledad, euronews, 18-01-2018. https://bit.ly/2DvDLOf

«Psicopolítica», dice que la libertad ha sido un episodio, que vivimos en una luminosa e interconectada ilusión de libertad que en realidad no es más que una voluntaria esclavitud de soledades sin fin, y que, aunque queramos despertar, no podemos."[24]

La *sociedad* es la representación máxima de la civilización por terminar con la *comunidad*, la misma que representa a la cultura en el sentido de criar y de recrear la vida. Es decir, la cultura creó a la comunidad y la civilización a la sociedad. Por lo que podemos decir, que la civilización es el sistema anti-comunitario y anti-cultural para la instrumentalización de lo humano y lo no-humano al servicio del hedonismo societal. Es el paso del comuncentrismo al egocentrismo, y que ha generado la sociedad del claustro y miope de nuestros días. La civilización a través de su sistema liberalista y privatista, busca acabar con toda forma organizada de cultura de la vida, con el propósito de acaparar los bienes comunes para unas élites encargadas de dirigir el mundo.

Para Tönnies la *sociedad* era un ente racional y la *comunidad* era, obviamente, irracional o primitiva o mítica. Sin embargo, lo que ahora podemos constatar es que la "sociedad racional" arribó a un reduccionismo de lo racional, lo que ha significado la aniquilación paulatina de lo sensible e intuitivo por la entronización de una sociedad artificial y banal.

La *sociedad* terminó superponiéndose a la *aldeidad* en todos los ámbitos humanos, y a partir de ello, generar una serie de nuevas dicotomías al interior de la *sociedad* y paralelamente excluyendo todo lo referente a lo *aldeano*. La sociedad creó la dicotomía derecha e izquierda, e invisibilizó a lo comunitario y lo convirtió en el tercero-excluido de su paradigma civilizatorio. Por ello, derechas e izquierdas, en su "babelismo" constitutivo, han reducido

---

24 «Hoy no se tortura, sino que se "postea" y se "tuitea"». https://bit.ly/2VR84Fh

su dicotomía –por ejemplo- a economía privada y economía estatal, propiedad privada y propiedad pública, sociedad y estado, etc., excluyendo deliberadamente a la aldeidad o lo común. Lo que en otras palabras cabe decir: capitalismo/socialismo, liberalismo/marxismo, privatismo/estatismo, etc.

De ahí, la minimización que se hace de las comunidades indígenas y de todos los saberes de los tercero-excluidos, bajo el argumento de que representan lo pasado o atrasado o superado o inferior. A lo cual, podríamos responder con esta frase del zapatismo a través del sup. Galeano: "Y entonces le decimos que no, que no valemos la pena, que el zapatismo es sólo una lucha más entre muchas. Si acaso la más pequeña en cuanto a su número, su impacto, su trascendencia. Aunque, eso sí, acaso la más irreverente si la referimos al enemigo que ha elegido, a su aspiración, su objetivo, su horizonte, su necio empeño en construir un mundo donde quepan muchos mundos, todos, los que están, los que nacerán.[25]"

Por su parte, Faucoult señalaba: "Y por saber sometido entiendo dos cosas. Por una parte, quiero designar, en suma, contenidos históricos que fueron sepultados, enmascarados en coherencias funcionales o sistematizaciones formales... En segundo lugar, por saber sometido creo que hay que entender otra cosa y, en cierto sentido, una cosa muy distinta. Con esa expresión me refiero, igualmente, a toda una serie de saberes que estaban descalificados como saberes no conceptuales, como saberes insuficientemente elaborados: saberes ingenuos, saberes jerárquicamente inferiores, saberes por debajo del nivel del conocimiento o de la cientificidad exigidos" (Foucault, 2006: 21).

Si bien, en Occidente el babelismo extinguió a sus aldeas y comunas, en la alteridad o fuera de la civilización ésta es una

---

manifestación todavía concreta. Decimos "todavía", por cuanto la sociedad-ciudad-civilización sigue avanzando a pasos agigantados en la destrucción de la comunidad-campo-cultura; lo que quiere decir, la "cementificación" sobre la naturalidad, la artificialidad sobre la culturalidad. De imponerse el urbanismo en todo el planeta, significará la implantación total de la sociedad antropocéntrica y consumista, con todas las implicaciones autistas y cancerígenas que ello conlleva. De ahí, la importancia de revalorar a la aldeidad y de consolidar a las formas grupales y asociativas expresadas en los sistemas integrales de vida. Las "ecoaldeas" ancestrales y las modernas, deben convertirse en los puntales para un nuevo mundo.

En este sentido, es fundamental comprender que la contradicción mayor y global, no es entre lo privado-capitalismo contra el estado-socialismo, sino, entre lo común como oposición de lo privado o entre los bienes comunes y los bienes individuales. Consecuentemente, lo público y estatal pueden estar al servicio de lo común o de lo privado, pero la sociedad o la civilización le han convertido al Estado en un medio y en un fin para lo privado en el capitalismo y del estatismo centralista en el socialismo, ambos en desmedro de lo común y de lo público.

Con ello, se continúa en la disputa sempiterna entre izquierda y derecha, con lo cual los tercero-excluidos que representan a los bienes comunes, lo público, lo colectivo y lo aldeano, quedan relegados o subsumidos a través del capitalismo de Estado o del capitalismo privatista. Por tanto, es importante comprender que los tercero-excluidos o anatemas de la civilización no son de izquierda, peor de derecha; son un tercer ente, los tercerizados. A esta posición, la izquierda se mofa con descalificativos de posiciones revisionistas, pequeño-burguesas, contra-revolucionarias, esencialistas, etc. Y a su vez la derecha, las califica de enfoques de extrema izquierda, fundamentalistas, regresionistas, etc. Para el babelismo, solo existe la izquierda y la derecha, y nadie que se considere inteligente o desarrollado puede salirse de la dicotomía de la "sociedad racional".

La lucha de la izquierda es porque los tercerizados se pongan a su cola, para que sean ellos los que dirijan los cambios y la construcción de la sociedad socialista, para luego llegar a construir la sociedad comunista. Y la acción de la derecha, es que los anatemas sigan sosteniendo y manteniendo perpetuamente el capitalismo. Esto quiere decir, por un lado, el endiosamiento del Estado a través del partido único y del culto a la personalidad del caudillo en el poder, y en el otro, la epifanía del mercado a través de las élites monopólicas y el culto a los hombres más ricos (Revista Forbes). Para ello, han convertido al Estado en un ente autocrático y egocéntrico, como dueño y disponedor de los bienes comunes y de los pueblos, para beneficio de lo privado monopólico y de lo estatista partidista.

El estadocentrismo (o socialismo) y el privadocentrismo (o neoliberalismo) a través del hiperpresidencialismo de izquierda o de derecha, se asumen como los representantes de todo el pueblo, cuando son otra forma de monarquía, pero esta vez de izquierda y de derecha. La antigua monarquía se ha desarrollado y profundizado en la modernidad y hoy simplemente se llama republicanismo o liberalismo de izquierda y de derecha, para convertir a todos en "la autoexplotación aceptada", como diría Byung-Chul Han, ya que "Resulta que el sistema neoliberal es muy estable e inquebrantable. Nos sentimos libres mientras nos explotamos a nosotros mismos. Esta libertad imaginada impide la resistencia, la revolución. El neoliberalismo aísla a cada uno de nosotros y nos hace empresarios de nosotros mismos." Pero, no solo pasa en el neoliberalismo sino en el estado-liberalismo a través de su dogma de la libertad de la clase obrera. Ambos son los dos lados de la misma visión de libertad y que conducen a la autoexplotación desde lo privado y desde lo estatista. Por ello, los unos hablan de libertad de mercado y los otros de libertad proletaria.

En definitiva, es la lucha entre estas dos tendencias y en la que los tercerizados son obligados a ponerse al servicio de una de las dos. Todo lo cual, significa en cualquiera de los casos, la permanencia de la sociedad verticalista o de arriba hacia abajo, en su versión de izquierda y de derecha; y la minimización o eliminación de la organización colectiva en espiral de abajo hacia arriba, como fue la experiencia milenaria de toda la humanidad antes de la revolución babélica.

Como vemos, la izquierda es también profundamente babelista y necesita descolonizarse. Han habido intentos tibios de descolonización en ciertos sectores, pero en su gran mayoría es una izquierda verticalista, estadocentrista, utilitarista, monarquista, instrumentalista. En la experiencia histórica de la izquierda, el "poder popular" se convirtió en el poder del líder máximo, de aquel que "ya no se siente él sino todo el pueblo". Ya no es el pueblo, el creador y el dirigente de su propio proceso, sino el de aquellos que se la apropian y de los que le dicen que saben interpretar lo que ellos necesitan y requieren. De esta manera, lo común queda subsumido al Estado, y el cual supuestamente vela por el "bien común". Lo cual, es totalmente falso, pues el Estado en última instancia ha sido convertido en un ente de dominación y de opresión, por parte del capital o del partido único en el poder.

Bien decía Hegel de América, "lo que aquí sucede hasta el momento, es sólo el eco del Viejo Mundo y la expresión de una vivacidad ajena...". La derecha y la izquierda del "nuevo mundo" o de todo el mundo no-occidental, son tan solo un eco del babelismo del viejo mundo. Lo que quiere decir, que el colonialismo se ha acentuado con el transcurso del tiempo, a través de la ampliación de la civilización, la sociedad, el urbanismo, el individualismo, y de todo el constructo elitista producido por el pensamiento único y universal, de derecha e izquierda. Ellos se han encargado de cumplir con el mandato del génesis 11, de construir un mundo monolingüe, es decir, la sociedad del monólogo. Por ello, Byung-Chul Han dice que "La neolengua tiene una sola meta: limitar el espacio del pensamiento."

Esta la razón, que explica porque la izquierda ha fracasado en todos sus proyectos de cambio, ya que su propuesta sigue siendo monárquica, es decir, centralista, y no comunal o aldeista. Desde la perspectiva de los anatemas de la sociedad, para que un proyecto sea revolucionario debe proceder a la construcción de un mundo, donde la economía, la producción, la organización social, etc., sea predominantemente colectiva, y en segundo lugar, lo estatal y lo privado. Al revés de lo que sucede actualmente, donde lo privado domina y aplasta a lo común/público, y para ello se sirve del Estado grande (socialista) o del pequeño (neoliberal). El aldeismo no significa la dominación de lo colectivo sobre lo individual, sino el equilibrio recíproco, por ello no se plantea la eliminación de lo privado como si lo hace la izquierda ortodoxa.

Por tanto, el dualismo derecha/izquierda o capitalismo/ socialismo es una dicotomía colonial-burguesa, en tanto deja a un lado a otras concepciones y sus respectivas racionalidades, constituyéndolos en los tercerizados. Es además, una actitud neo-colonial cuando se pretende subsumir a todas ellas en el paraguas de la izquierda, lo que significa que pierdan su autodeterminación a partir de su propia autonomía política y epistémica. Lo cual, hace que no sean ubicados como una alternativa real a todo el constructo monoteísta de derecha e izquierda.

Todo esto, significa un asimilacionismo, al digerir a los tercero-excluidos dentro de la izquierda, con lo cual pierden su capacidad revolucionaria de politización y de transformación desde sus propios paradigmas. El hegemonismo del marxismo en la lucha social, es un proyecto colonial de izquierda; de la misma manera que el liberalismo/conservadurismo es el proyecto colonial de la derecha. El marxismo, es una fuente -entre otras- y no la única, por lo que la izquierda debe dejar su supremacía blanca o babélica, para compartir y aprender de las alteridades si pretende ser revolucionaria.

En este sentido, la disyuntiva para la humanidad, no solo es el capitalismo o el socialismo, sino que también tiene como opciones: al buen vivir, los bienes comunes, las ecoaldeas, las cooperativas integrales, la democracia horizontal, etc.

En conclusión, el "babelismo" de izquierda, lo que ha hecho es convertir al socialismo, lo estatal, lo público y lo común, en contemporáneas variantes de la *Gesellschaft* antes que de la *Gameinschaft*. De ahí, que ahora se escuchan expresiones como "comunidad civilizada", "comunidad societal", "comunidad de naciones", es decir, la comunidad como una entelequia formal que aglutina a la sociedad, el estado, lo privado, etc.; y ya no un diferente sistema de vida.

Es la cooptación para la anulación e inmovilización de la alteridad. De ello, es cómplice y responsable la izquierda, que en su centrismo o sectarismo no puede ver más allá de sus esquemas globalizadores, resultando más "altericida" que la misma derecha. Si la izquierda no puede visibilizar ni respetar a los tercero-excluidos, para actuar complementariamente y solo pretende ponerla a su cola o absorberla, es un homicidio premeditado para un cambio verdadero y la posibilidad de un nuevo mundo.

HIBRIDISMOS y EXTREMISMOS

La insurgencia y rebelión de los tercerizados han puesto en entredicho a la bivalencia derecha-izquierda por un senti-pensar polivalente, lo que ha llevado al babelismo a sentenciarlas como posiciones "esencialistas", "románticas", "idílicas", "pachamamistas", etc. "Cada época tiene sus personajes revolucionarios, como en una época fueron los materialistas con respecto a los idealistas, los positivistas con respecto a los subjetivistas, los liberales con respecto a los conservadores, las izquierdas con respecto a las derechas, hoy, son los "alternativos", los "tercero-excluidos", los "anatemas", los "tercerizados" del eurocentrismo liberal y marxista los que son lo transformador, lo profundo, lo integral, lo holístico, lo complejo. La izquierda tendría que descolonizarse para ser parte de la rebeldía anatemista, o debería resignificarse para que sea otro miembro más de lo alternativo, o reinventarse para incorporarse a los tercero-excluidos.[26]" Pues, como dice Raúl Zibechi[27]: "A la luz de lo sucedido en la región en las dos últimas décadas, podemos arribar a una redefinición del concepto de izquierda: es la fuerza política que lucha por el poder, apoyándose en los sectores populares, para incrustar sus cuadros en las instituciones que, con los años y el control de los mecanismos de decisión, se convierten en una nueva elite que puede desplazar a las anteriores, negociar con ellas o fusionarse. O combinaciones de las tres."

La presencia masiva y amplia de la alteridad, especialmente del movimiento indígena, que ha cuestionado a la verdad ontológica y epistémica del babelismo. Y por otro lado, ante el fracaso de sus proyectos neoliberales y progresistas han procedido a hacer una serie de mixturas o de mezclas con la otredad, que más bien confunden, desmovilizan y despolitizan, antes que lograr el efecto contrario, como cierta ingenuidad de izquierda lo cree.

Proyectos híbridos que en vez de ser una vía de escape o de salida a al caos social y a la crisis ecológica, terminan siendo una vía de suicidios colectivos. Hibridismos, que a pretexto de ser más realistas o pragmáticos no resultan ser otra vía sino nuevas ramificaciones de la misma globalización babélica. El típico gatopardismo

---

26 Atawallpa Oviedo, Qué es la Izquierda hoy, 17 de julio de 2017. https://bit.ly/2D7RGsM

27 "Cuando la izquierda es el problema", https://bit.ly/2TKoVYB

del que se han hecho expertos y del que pueden vender el mismo producto con nuevas campañas de imagen y de publicidad política.

Es decir, las bases ontológicas y epistemológicas siguen siendo las mismas, por ende, no hay ruptura o giro, ya que se sigue observando con los mismos esquemas y parámetros babélicos a su intento de re observar al mundo y de reconocerse a sí mismos. Para que eso sea posible hay que aprender a ver más allá del claustro monológico, desde otros códigos y principios. Una revolución debe ser ontológica y epistémica para que sea realmente transformadora, sino, todos los cambios dentro de los mismos presupuestos filosóficos son cambios cosméticos para que no cambie nada verdaderamente, para que solo se renueven y profundicen los medios de disciplinamiento social y de dependencia hacia las élites.

En la práctica, las mixturas se convierten en puntales del *statu quo* antes que palancas para remontarlo. Si bien critican al extremismo, no son una alternativa al extremismo sino otra parte del mismo árbol endémico. Es decir, tanto los hibridistas como los extremistas o fundamentalistas, son nuevas expresiones al interior de la globalización, pues guardan o se asientan en la misma razón ontológica y epistémica. Siendo justamente ésta la diferencia con los tercero-excluidos, que no son extremismos ni hibridismos del babelismo, sino que sus fuentes y paradigmas son totalmente diferentes. Por ello, les resulta a los babelistas hasta incomprensibles las concepciones de los anatemas, ya que se salen de sus esquemas y reaccionan colonialmente, procediendo sin mayor argumento y peor estudio, a endilgarlas como visiones: esotéricas, atrasadas, pre-modernas, subdesarrolladas, etc.

Éste el "exclusionismo" permanente del babelismo blanco hacia los otros colores, en su intento de blanquear a todos. Muy diferente al pensamiento y acción de los tercerizados, quienes asumen una posición crítica de la izquierda, pero ello no significa ser anti-izquierdistas o anti-marxistas o anti-liberales... sino, que pretenden una cooperación mutua y no una cooptación de unos sobre otros. Los anatemizados por el babelismo son por esencia o por ontología cooperativistas e inclusivos, y los babélicos son de raigambre "coopativista" y excluyente.

En realidad, el indio sigue hasta ahora sin tener alma para el colonialismo civilizatorio, en 500 años no ha cambiado la actitud hacia los tercero-excluidos, de ahí que siguen actuando paternalistamente y continúan desconociendo o desvalorizando a sus racionalidades, calificándolas como simples cosmovisiones pues solo ellos tienen filosofías. Al respecto Pablo Dávalos[28] nos dice: "Las propuestas políticas de los indígenas son parte de una "agenda étnica" mas no forman parte de las políticas nacionales, menos aún históricas. El momento en el que los antropólogos de la academia se aproximan al movimiento indígena lo estudian como objeto por fuera de sus posibilidades hermenéuticas, praxeológicas y emancipatorias, y lo reducen a los límites del laboratorio social y antropológico. Se convierten así en simpáticos movimientos a los que hay que observar, describir e interpretar desde una matriz teórica previamente definida por el poder y al momento de "estudiarlos" se los convierte en objetos de manipulación epistémica, con lo cual sus propuestas históricas se convierten en el mejor de los casos en propuestas étnicas. La deriva más elocuente de esta reducción y de esta práctica política está en los estudios de área y en los estudios culturales de la academia norteamericana y también de las ciencias sociales latinoamericanas."

Una parte de la izquierda se mantiene incólume en su ortodoxia marxista; y otra izquierda, en combate a este extremismo dogmático y sectario, ha procedido a crear una serie de mestizajes

---

28 Las luchas por la educación en el Movimiento Indígena Ecuatoriano. SERIE ENSAYOS & INVESTIGACIONES N° 27 Buenos Aires, 2008

(socialismo moderno, socialismo del siglo 21, socialismo comunitario, socialismo del buen vivir, etc.), los que a la final, prorrogan la situación de exclusión y mas bien colaboran o coadyuvan a la desaparición de los paradigmas de los tercerizados y consecuentemente la uniformización de todos dentro del paradigma babélico. Con lo cual seguirán abriendo pobres, pero ya no habrá una propuesta alternativa y alterativa al babelismo. Tal como sucede, con los pobres al interior del primer mundo.

Este hibridismo de la izquierda "light" significa una neo-colonización, en la que se aprovechan de ciertos elementos de la alteridad para incorporarlos como apellidos del mismo paradigma colonial, repitiendo la historia de usurpación de 500 años. No es una incorporación de las ontologías de los anatemas y peor un diálogo ontológico, sino el robo de ciertos elementos para atiborrar más su árbol de navidad y para que su papá Noel pueda comprar más regalos que sigan enriqueciendo al 1% de la población mundial.

Claro, que no se trata de caer en esencialismos o en purismos o en romanticismos o en idealismos; pero tampoco se trata de caer en vacilaciones, eclecticismos, extremismos, radicalismos, que son otras aristas del mismo paradigma hegemónico. Se trata de visualizar a lo tercero-excluido como algo afuera o más allá del "babelismo", y no como alternativo al interior del mismo diseño de la ontología dominante. Parafraseando a Foucault, una cosa es *casa adentro* y otra *casa afuera*. Han pasado 500 años y el "babelismo", de izquierda y de derecha, no logra "descubrir" Amerindia ni el resto del mundo.

Su desprecio a los anatemas, los lleva a decir que lo que tercerizados están pretendiendo es "regresar al pasado" o que su propuesta es una "apología a la ancestralidad" o que "no quieren el desarrollo y el progreso"... Formas simplonas, a través de las cuales encasillan a todo lo que no responda a sus cánones de la verdad única y universal. Con ello demuestran su negación de la alteridad y su actitud neocolonial, para intentar eliminarlos bajo el pretexto de conocimientos "desfasados", "lentos", "perdidos en el tiempo", y cualquier otro epíteto que nace de su claustro-centrismo.

Sin darse cuenta, que gracias a los anatemas la gula de la civilización no ha logrado exterminar con toda la naturaleza, sino la huella ecológica ya estaría en rojo en todo el planeta. Gracias a los "primitivos" y a los "infantiles ecologistas", hay todavía zonas verdes y aire puro por respirar sino, todos estaríamos viviendo como los chinos con mascarillas y sin poder ver el sol. Y a eso, le llaman desarrollo y socialismo.

Por ello, es necesario salir de las posturas y lecturas lineales que hace la ortodoxia de la modernidad y su visión progresiva de la vida, para retomar una serie de categorías, principios y paradigmas interrelacionales y concienciales, que están en simetría o guardan simbiosis con las leyes de la naturaleza, de la cual el ser humano es parte de ella -así no le guste al cartesianismo-.

No se trata de volver a vivir como en el pasado, se trata de recuperar una serie de concepciones, valores y conocimientos válidos para este tiempo, es decir, de vivir en nuevas formas pero en base a principios que estén en la continuidad y prolongación de la vida. Paul Goodman, decía: "La gran tarea de la antropología consiste en descubrir qué es lo que se ha perdido de la naturaleza humana y en concebir experimentos para su recuperación." Es decir, se trata de aprender de la experiencia acumulada de la humanidad, para no tratar de "inventar el agua tibia". Tenemos el derecho como generación nueva el poner nuestra propia impronta en este nuevo tiempo, pero sin alterar las leyes de funcionamiento natural y sin llegar a poner en peligro la existencia misma de la especie humana.

Entonces, se hace urgente que el babelismo –especialmente de izquierda- termine con su manía clasificatoria y su complejo de inferioridad, al recrear una serie de dualismos hibridistas y extremistas, con el propósito de presentarse como los mejores o superiores, y con ello pretendiendo justificar las atrocidades cometidos contra millones de humanos y no-humanos, bajo el argumento de que esos son "los costos del desarrollo y del progreso".

Siendo esta la historia de lo que ha llegado a denominarse civilización, que es la historia de la conquista, la dominación, la exclusión, el sometimiento, el dolor, por parte del centrismo babélico contra las periferias de los tercerizados. Ya lo dijo Charles Darwin al llegar al puerto de Sydney, luego de 5 años de viajar por el mundo: ¡somos la raza líder del mundo! Y añadió: "Dios convirtió a la raza de habla inglesa en el instrumento elegido mediante el cual pretende construir una sociedad basada en la justicia, la libertad y la paz".

Todo esto implica comprender, que las etapas de la humanidad no empiezan con los salvajes, luego pasamos a los bárbaros, y termina con los civilizados; sino, desde los pueblos en conexión y vinculación con la totalidad de la naturaleza, hasta el actual hombre egoísta, insensible, hedonista, miope, e "idiota" -como diría Einstein-. Con esto, no estamos renegando o rechazando a la ciencia y a la tecnología per se, pues todos los pueblos en el mundo la han producido, sino la de cuestionar a aquella que produce la muerte de los ecosistemas que son los que constituyen y hacen la vida.

El tercer y cuarto mundo tienen mucho que ofrecer, como afortunadamente así lo ha entendido cierta gente humilde y sabia del primer mundo, quienes se acercan respetuosamente a las "naciones primeras" para aprender de ellos y no para enseñarles, con el propósito de recibir lo que ofrecen y no para robarles o explotarles. Para estos tercero-excluidos del primer mundo, su referente y su guía son las aldeas, el cuarto mundo, los sabios (*yachaks*), y todos aquellos que guardan el conocimiento milenario de la humanidad y de los saberes de la naturaleza. Incluso, algunos de ellos, cansados de su sociedad enajenante y de su forma de vida antinatural, se van a vivir fuera del primer mundo y del "progreso" porque ya no soportan tanta vanidad, soledad y artificialidad.

Si la izquierda quiere un cambio real y efectivo, tiene que abrirse a la presencia masiva y amplia del paradigma aldeista o comunitario, como medio y forma de hacer contrapeso a lo privatista, colonialista e imperialista. Lo que implica organizar a la población en formas asociativas, generando y expandiendo la economía y propiedad comunitaria, instaurando un estado intercultural y plurinacional, etc. Es decir, se trata de reconstruir todo, y no de acomodar o ajustar el mismo estado colonial-burgués con las mismas instituciones verticalistas, las que aparecen como nuevas o diferentes, cuando solo se les ha dado un cambio de fachada o de color. Con ello, lo único que se ha logrado es pulir y ampliar nuevas formas de dominación por nuevas élites, esta vez desde la izquierda, las que a través del Partido y del buró político se apoderan del pueblo y utilizan al estado como instrumento de sus sueños personales.

El babelismo de la izquierda se expresa en el estatocentrismo o en el estatismo de un solo personaje en el poder máximo, lo que significa la reproducción de la monocracia y que es totalmente opuesto a la comunocracia o aldeocracia. La historia de la izquierda en el poder, es la historia de los capitalismos de Estado y de la represión al pueblo a través de la "dictadura del proletariado", bajo el pretexto de combatir a la derecha y a los que le "hacen el juego a la derecha", que justamente resultan ser los tercerizados.

La izquierda ha sido más parte afianzadora del establishment que el de su transformación, pues sus cambios a la final terminaron consolidando lo que querían cambiar. De ahí, la diferencia radical del aldeismo con la izquierda, o entre comunalismo y estatismo. El Estado ha sido un medio o instrumento para consolidar el capitalismo, que para promover un pos-capitalismo. En la práctica, el Estado ha sido funcional a lo privado y al capitalismo, tanto por la derecha y por la izquierda en todo el mundo, pues hasta ahora no hay una sociedad socialista como se señala en la teoría. Ese el error estructural de la izquierda, al creer que el Estado es un difusor e inyector de cambio, concentrando todo en el aparato burgués como la máquina que transforma las estructuras sociales. Sin entender, que el "poder político" no está en el "Estado Popular" ni en el "Partido de la Revolución", sino en la capacidad organizativa, directiva y productiva de la población.

Convertir al Estado en una caja de asistencia (bonos) y no en un difusor de economía mutual, es volver al pueblo más dependiente o esclavo de un órgano artificial. El Estado debe ser simplemente aprovechado para estimular y generar "poder social", como un medio para estimular lo asociativo a través de empoderar productivamente a quienes laboran y crean la riqueza, para que así el pueblo no sea dependiente de lo privado ni de lo estatal, sino que trabaje para sí mismo en forma comunal. La pobreza está ante todo en la dependencia, es decir, en trabajar para otro. Si no se elimina la dependencia, no puede haber un otro sistema sin exclusión y dominación, que es el sueño de la izquierda. Es absurdo crear otro sistema de dominación para dizque derrotar a la burguesía, pues a la final la dominación se vuelve un método y un estado de vida que se perenniza indefinidamente. O como dice Byung-Chul Han que la psicopolítica del neoliberalismo recurre a un «sistema de dominación que, en lugar de emplear el poder opresor, utiliza un poder seductor, inteligente (smart), que consigue que los hombres se sometan por sí mismos al entramado de dominación.

La teoría de la "dictadura del proletariado" es el mayor exabrupto del joven-Marx, que a sus 30 años lanzó esta idea y que esquemáticamente la han llevado a la práctica la izquierda, desde Lenin hasta el día de hoy. A la burguesía no se la derrota desde el estado dictatorial sino desde la democracia comunal, otorgándole al pueblo su autonomía para que pueda decidir directamente su destino. El "centralismo democrático" es el mayor absurdo de la izquierda, que no genera democracia sino concentración del poder en una sola persona, la que actúa según su egocentrismo. Es el ego de aquel individuo y no el de la clase trabajadora el que se ejecuta, como hemos visto en la historia mundial, desde Stalin hasta Kim Jong-un. El hiperpresidencialismo estatal es la monarquía de izquierda, que reproduce la idea de que el poder del pueblo está en el rey o en el emperador, y que en el socialismo es el líder máximo. Es decir, es la individuación que hace el babelismo para que todos están a su servicio y designio.

Esto no significa que los tercero-excluidos estén pretendiendo un hegemonismo de lo comunitario y la desaparición de lo privado e individual, sino, el de cambiar las relaciones de poder para buscar un sistema donde tenga preeminencia lo comunal sobre lo liberal, y en último caso que sea equitativo. Todo lo contrario a lo que sucede actualmente, en el que lo individual manda a la generalidad, como vemos diariamente en todo el mundo capitalista de derecha o neoliberal y en el capitalismo de izquierda o marxista. Un solo individuo, llamado presidente y comandante de la revolución, deciden el destino de millones de seres humanos en cada país. El presidente de Estados Unidos decide lo que pasará con 350 millones de estadounidenses, por ejemplo, ir a la guerra contra Irak. Todo esto significa, que el mundo debe salir del individualismo de lo privado y del totalitarismo de Estado, las dos caras de la misma moneda. Lo privado y lo público deben estar al servicio de todos, y no al revés, en la que todos están al servicio de las élites privadas o estatales. La monarquía de derecha e izquierda, son las expresiones máximas del babelismo político.

Por tanto, se hace urgente que la izquierda se abra más allá del politicismo bicéfalo, para -al menos- dar la oportunidad para que otras corrientes sean escuchadas y estudiadas en profundidad, como el sumak kawsay[29] (buen vivir) y otras propuestas surgidas desde la resistencia en todo el mundo, incluida la Europa ancestral. Al respecto Javier Medina dice: "Entonces lo que se impone es un cambio planificado. (...) Ya hemos experimentado, los dos últimos siglos, las recetas revolucionarias y reformistas. Hay que ir hacia un Tercero incluido que, por cierto, no tiene nada que ver con la así llamada Terceras vías, Tony Blair, que también han fracasado.[30]"

La izquierda no debe seguir siendo parte de la prepotencia de la neo-ilustración, para seguir en nuestros días menospreciando a otros saberes, y peor sentenciándolos como saberes étnicos o subjetivos o de las minorías... Tiene que haber una verdadera actitud científica, para hablar desde la vivencia y la interiorización, y no desde los prejuicios y los conceptos miméticos del reduccionismo babélico.

DESARROLLO: TEORIA NEOCOLONIALISTA

La colonización llegó a Amerindia hace más de 500 años y sigue reinante. El colonialismo no es un proceso terminado o acabado, todo lo contrario, está más vigente que nunca, y se ha ido profundizando a medida que ha discurrido el tiempo. Lo que vale decir,

---

29 El Sumak Kawsay no es una visión antropológica del etnodesarrollo, ni tampoco una recurrencia romántica en contra de la modernidad, sino la posibilidad de mirar de otra manera un discurso ideológico y científico, aquel de la economía y sus prescripciones normativas. Esa mirada está estructurada desde la alteridad a la modernidad. Y no se trata de una alteridad complaciente con la modernidad sino de una alteridad radical a la modernidad occidental. Pablo Dávalos, El Sumak Kawsay (Buen Vivir) y la crítica a la teoría económica como ideología.

30 Proyecto Biocultura y cambio climático. Cooperación Suiza en Bolivia. http://biocultura.prorural.org.bo/?p=763

que el etnocidio, el genocidio, el ecocidio, el teocidio, no han parado hasta el día de hoy. Incluso, ahora es más fuerte, con el epistemidicio acelerado que se encuentra ahora en su etapa de conquista definitiva a través de la globalización. Pero al mismo tiempo y como contrapartida, estamos en la etapa de descolonización de la izquierda, para que complementariamente con la alteridad sea posible una transformación raizal profunda.

La descolonización, es decir, la descivilización o des-babelización es la gran revolución de nuestro tiempo; pues el colonialismo está enquistado casa adentro y ha sido asimilado por los colonizados o los civilizados, los que a su vez se encargan de hacerlo con los que todavía faltan de "babelizar". La época, que surge desde la invasión europea hasta las luchas de "independencia" es el período donde el colonizador sometía desde el exterior. Y la época posterior a la "independencia", es la etapa en la que al interior de dichos países los más colonizados realizan mucho mejor la colonización que los propios colonizadores, en su afán de parecerse lo más posible a ellos.

Para los indios y mestizos hasta antes de la "independencia" el colonialismo era básicamente político, económico, religioso, y militar; posteriormente a la "liberación" de España se incorporó o se añadió el colonialismo cultural, artístico, epistémico, hermenéutico, axiológico y filosófico. Es decir, se acentuó y profundizó mucho más. La supuesta "independencia" fue el camino para la mayor penetración del "babelismo" en las poblaciones indígenas. Si antes el indio era solo mano de obra de la colonia, después -será además- pensamiento colonial. Hoy muchos indios academizados son más expertos en el eurocentrismo que un habitante común de Europa.

Mientras la monarquía establecía distancia o separación entre la andinidad y la europeidad, los "independentistas" y sus descendientes procedían a la europeización de la andinidad, bajo el argumento de inclusión o de mejoramiento de la situación del indio.

Hecho que se sigue profundizando de día en día, a través de nuevos expertos que regresan con títulos de las universidades primermundistas, presumiendo de su capacidad de asimilación y de su talento para babelizar o colonizar a sus hermanos todavía incivilizados-tercermundistas-subdesarrollados-atrasados, es decir, los anatemas o tercerizados.

Todo lo que ha producido Europa y en general Occidente, ha sido copiado y repetido por todos los pensadores de América Latina. A lo máximo que han llegado unos pocos, es a hacer hibridaciones incorporando elementos de la alteridad a la estructura eurocéntrica, al menos, si hubieran hecho al revés sería plausible, incorporando elementos occidentales a la matriz indiana.

Todos los intelectuales de Latinoamérica no han hecho más que adaptar las teorías coloniales a la realidad local. Los únicos que valorizaron la racionalidad indígena, fueron unos pocos que vivieron en la época de los primeros invasores y que eran de origen mestizo: Guamán Poma de Ayala, Santacruz Salkmawaya, el Inca Garcizalo de la Vega, -entre los que pudieron escribir y se tuvo noticias de ellos-. Y algo surgió hasta antes de la "independencia" de España, con Tupak Amaru y Tupaq Katari. Luego de ellos, absolutamente nadie. Lo que demuestra que la colonización fue avanzando y se ahondó después de la supuesta "independencia", tanto es así, que los pensadores latinoamericanos terminaron "eurocentrados".

Las izquierdas criollas no han sido capaces de pensar por sí mismas, esto es, desde la alteridad. Hasta ahora no aprenden a mirar casa adentro y siguen pensando desde Occidente. Se dicen revolucionarios, pero sus epistemologías y metodologías son las del conquistador y del colonizador de antaño y de hogaño. No han podido abrirse más allá del claustro liberal-marxista para descubrir América, y después de 500 años siguen sin conocer Abya Yala. Hay una total incapacidad para mirar desde las epistemologías de amerindia, a las cuales las siguen despreciando a pesar de que digan que luchan por los indios. La liberación que ellos proponen es sacarlos de sus raíces propias, a las cuales las consideran -igual que la Derecha- de saberes elementales o subdesarrollados, para llevarlos a las raíces eurocéntricas de izquierda. En el fondo, son neo-invasores de izquierda, que al igual que las iglesias buscan convertirlos al marxismo, pues no buscan aprender mutuamente sino tan solo el de adoctrinarlos.

La pretensión de universalizar el marxismo se inscribe en la misma retórica de universalizar las religiones, las ciencias, los derechos humanos, las economías, del pensamiento monárquico y monoteísta del "babelismo". Los paradigmas y categorías de la izquierda han sido el proceso de catequización y evangelización en el marxismo-leninismo.

En suma, en una primera etapa la colonización se da por lazos de sangre o racialidad, y luego de que ésta es interiorizada o asimilada se principaliza por lazos ontológicos, culturales, y cognitivos. Desde la racialización hasta la epistemización, para que el indio y el mestizo no piensen como "indígenas atrasados" sino como "blancos desarrollados". El indio seguirá siendo racial o morfológicamente el mismo, pero mentalmente será eurocéntrico de tipo liberal y/o marxista. No hay ninguna "colonialidad", en el sentido de que es una etapa de menor colonización luego de la "independencia", por el contrario, es una etapa de mayor colonización al ser profundamente epistémica. Los indios eran analfabetos de lo occidental pero guardaban sus tradiciones, por su parte, el indio universitario lo ha perdido todo (a excepción de unos pocos); lo que significa que ha habido una profundización del colonialismo.

Entonces, no ha habido una tal "independencia" y peor puede haber una "segunda y definitiva independencia" como dice la izquierda, puesto que la independencia no es solo política, económica y administrativa; sino que tiene que ser total. Y ello implica una descolonización gnoseológica y paradigmática del "babelismo". En todo caso, lo que cabe a este momento a la izquierda latinoamericana, es interrelacionarse con los pensadores anti-eurocentristas al interior de occidente. Ellos también han procedido a rebasar a su izquierda y están aprendiendo a mirar más integralmente, posando sus ojos en los saberes de fuera de occidente y aprendiendo de ellos; lo que no termina de hacer todavía la izquierda occidentalizada o "institucional" (Sup. Galeano). Por tanto, necesitamos una izquierda alternativa y alterativa, para junto a los tercero-excluidos hacer posible otro mundo compuesto de varios mundos, y no un solo mundo socialista.

Después de 500 años y de muchas generaciones que han pasado, los izquierdistas (y derechistas) se siguen sintiendo hijos desterrados de la "madre patria". Han nacido en Abya Yala y tienen también sangre india, pero se saben y se sienten europeos, por el complejo de blanquitud que acarrean. Hay que señalarlo claramente, la izquierda es racista, a más de sexistas (anti LGTBI) y algunos hasta antifeministas, antiecologistas y antiespecistas.

Mientras algunos occidentales se han abierto a otras tradiciones y culturas de fuera, los intelectuales occidentalizados siguen mirando solo al "babelismo", ni siquiera miran a la Europa alternativa que se está abriendo. El blanqueamiento se ha ido acentuado por el cada vez mayor epistemicidio en curso, sin que la izquierda haya hecho la diferencia sino que más bien han sido parte de lo mismo.

El criollo no le mira de igual a igual al occidental, sino que le mira arriba, y a su vez, le obliga al indio a que le baje la mirada. Éste el complejo del criollo, que en vez de irse aminorando desde la supuesta "independencia", se ha ido afirmando y encarnando con el pasar de los años. La concepción de latino o hispano es parte de ese esclavismo y feudalismo epistémico y ontológico, de aquel que se siente de tercera categoría o subdesarrollado frente a los que alaba como primer mundo. Por ello, trata de remedar y de calcar lo más posible el estereotipo occidental.

En todo caso, vivimos la época de las paradojas y las ironías, mientras en Occidente hay quienes buscan desembarazarse del "babelismo", en el resto del mundo se busca consolidar dicho colonialismo con la asimilación de la globalización.

Pero este complejo, no se da solo en el criollo sino en los descendientes de los indígenas, siendo cada vez más los que dejan de reconocerse como indios y se hacen llamar mestizos. Incluso, muchos neo-felipillos reniegan de lo que son y hacen lo imposible por blanquearse, recurriendo hasta operaciones corporales. Su complejo y vergüenza se ha ido amplificando, al punto de que los padres prohíben a sus hijos hablar en sus lenguas ancestrales, por lo que éstas se encuentran en peligro de extinción.

La supuesta "independencia" fue romper con el rey, pero no con el "babelismo". Si a la corona española le interesaba solamente los metales preciosos, a los criollos además les interesaba sostener la cultura del rey, y eso no ha cambiado hasta el día de hoy, tanto por la derecha como la izquierda. Por ello, es que siguen enviando a sus hijos para que se amaestren en el "babelismo". Casi todos los jóvenes sueñan con ir a EEUU o Europa para formarse en sus centros superiores, y esperan regresar a sus repúblicas atrasadas, para educarles y sacarles del subdesarrollo y del tercermundismo, es decir, para adoctrinarlos en el babelismo para que sean "buenos chicos" y buena mano de obra barata para explotar los recursos naturales. Eso es todo.

Para esta mentalidad colonial, su referente y meta es la plena babelización de Amerindia. Su guía son los Estados Unidos y Canadá, quienes lograron aniquilar a los indios y hacer de la América del Norte otro territorio europeo. Si bien, lamentan que los conquistadores españoles no hayan hecho lo mismo, buscan como terminar con lo indígena que para ellos representa el subdesarrollo, y ello implica extinguir todos los valores, principios y formas de vida india, en especial, su sistema comunitario o aldeano, e imponer el capitalismo neoliberal o de estado. Su objetivo actual, es que los indios vendan sus tierras a las grandes empresas del agronegocio y posteriormente pasen a ser sus obreros. Y esto también lo han venido haciendo los "progresistas" del socialismo del siglo 21, lo que significa que hay una contra-reforma agraria en curso, cuando lo que se necesita es una revolución agraria.

Como vemos, la neocolonización en marcha la empujan tanto derechas e izquierdas, pues todos desprecian lo indio, como raza y/o como epísteme. La izquierda, máximo ha defendido racial y hasta culturalmente a los indígenas, pero nada epistémicamente. Y en eso no se diferencia de la derecha, por lo que en el fondo, derechas e izquierdas son los dos lados de la misma moneda colonialista.

Resulta irónico, que después de 500 años los "revolucionarios" siguen desconociendo las epistemes de los indios a los que quieren liberar. Será posible una liberación sacándoles de sus propios paradigmas, o ésta es otra forma de colonización. Una verdadera independencia será con las epistemes de los anatemas sino será una neocolonización de izquierda. Entonces, lo que ahora el mundo necesita es una descolonización de la izquierda global, para que sea realmente alternativa y alterativa a la derecha.

Es entendible que la izquierda de occidente no se haya descolonizado por su propia condición de ser parte de los países hegemónicos, pero es inadmisible que las izquierdas que son parte de la alteridad no lo hayan hecho. Se asumen como revolucionarios pero son profundamente eurocéntricos, en tanto tratan de ser fieles reproductores de todo el pensamiento civilizatorio. La izquierda del tercer mundo debería ser la primera en reclamar la descolonización de la izquierda del primer mundo, pero es la primera que prefiere seguir siendo el "patio trasero" de todas las epístemes del primer mundo.

Por tanto, la descolonización de la izquierda tiene que ser mundial, empezando por las izquierdas que viven en los países colonizados; pero al parecer podría empezar al revés, cuando estas izquierdas que viven al interior del primer mundo, se han dado cuenta de todo lo que ello significa y están mirando fuera de sus fronteras, y algunos están simpatizando con las racionalidades de los anatemas, especialmente con el Buen Vivir Interamericano; pero las izquierdas de esta región siguen solo mirando a Occidente, a excepción de unos pocos.

La izquierda mundial tiene que hacer una revolución interna para abrirse a la alteridad epistémica, y puedan ser partícipes de las luchas que vienen empujando estos sectores. La izquierda en su dogmatismo babelista tiende a ser hegemónica y homogenizante, sin que pueda respetar la diferencia y la variedad. Quien no piensa como ellos, es simplemente acusado de revisionista, contrarrevolucionario, derechoso, extremista, etc. Un claro ejemplo de esto, ha sido la actitud de los gobiernos del socialismo del siglo 21, incluido Evo Morales, con sus políticas desarrollistas y su ataque furibundo a los movimientos sociales que se oponen a ello.

En definitiva, la izquierda no propende a una neoculturización propia sino a una desculturización de lo indígena. Y la neoculturización, solo es posible a través de una descolonización hasta conseguir una interculturización nacional y mundial.

3

EL MARX QUE NO CONOCE LA IZQUIERDA

El fracaso endémico de la izquierda se debe principalmente a que solo conoce y se guía por el joven-adulto-Marx, y no conoce y peor se orienta por el maduro-Marx que en su etapa más lúcida se arrepintió de algunas teorías suyas o dio un viraje a algunas de sus primarias visiones.

La izquierda básicamente se guía por aquel joven idealista y salvador, que a sus 30 años escribió el Manifiesto Comunista y por el adulto que escribió El Capital alrededor de los 45 años, pero desconoce al maduro-Marx que con experiencia y sabiduría corrigió algunas de sus visiones ilusas, cuando estaba alrededor de sus 60 años. Aunque no logró escribir un libro al respecto y solo dejó algunas cartas y textos sueltos, pues una larga enfermedad de más de 10 años le consumió lentamente y le mató a los 65 años.

Quizás, si habría vivido el viejo-Marx hubiera sido más lúcido y se habría desmarcado aún más del ingenuo y soñador joven-Marx que inventó la malhadada teoría de la "dictadura del proletariado", que tanto daño ha hecho a la izquierda, a la revolución y al cambio. En su visión dialéctica -heredada de su maestro "idealista" Hegel- creía que la historia se desenvolvía por la lucha de clases, pero además, entre las sociedades "adelantadas" y "atrasadas", como expresamente lo señala en su obra máxima

"El Capital" cuando habla de "economías avanzadas" y "economías atrasadas". De ahí, que los actuales marxistas (y también los neoliberales) siguen hablando de lo mismo, bajo el nombre de economías desarrolladas y economías subdesarrolladas.

La mayoría de estudiosos de Marx y los marxistas practicantes, se han detenido principalmente en el axioma de la lucha de clases como el "motor de la historia", sin que observen el colonialismo o el "babelismo" de Marx, sin embargo, de que el mismo en sus últimos años de vida se dio cuenta de aquello y cambió algunos de sus puntos de vista. Obviamente, no llegó a una descolonización o a una "desbabelización", pero dio unos primeros pasos hacia ello, aunque luego ya murió y no pudo dar un giro mayor.

Con esto, tampoco queremos decir que el Marx-maduro haya llegado a negar totalmente al Marx-joven, solo pretendemos resaltar sus cambios y cuestionar a los marxistas que no han podido ir más allá de lo que él llegó y solo repiten como catecismo el marxismo. Los marxistas profundos deberían intentar activar lo que hubiese sido el Marx-viejo, o por lo menos conocer más del Marx-maduro para salir del sectarismo y el dogmatismo medular que les envuelve.

El adulto-Marx decía en el Capital: "En todos los países civilizados el movimiento democrático aspira en última instancia a la dominación política por el proletariado, presupone, por ende, que exista un proletariado; que exista una burguesía dominante; que exista una industria que produzca al proletariado y que haya vuelto dominante a la burguesía. De todo esto no encontramos nada en Noruega ni en la Suiza de los primitivos cantones". (El resaltado es nuestro)

Es decir, para Marx (y los marxistas de ayer y de hoy) la "cuestión nacional" de los pueblos primitivos o indígenas o antiguos, de Europa y de todo el mundo, se resolvía con su asimilación a la civilización, a la que también consideraba como una etapa superior o de avance a las anteriores, confluyendo con la visión linealista y progresiva de los fenómenos naturales y sociales. Concepción ésta, de la que también estaba de acuerdo la derecha europea, pues ambos compartían (y comparten) el principio futurista de superioridad sobre el pasado que maneja el "babelismo".

La civilización, para Marx (y para la derecha), era exclusivamente la Europa capitalista e industrial, que había logrado desarrollar los medios de producción y que había creado el proletariado, "la clase más avanzada" que estaba predestinada por Marx a "dominar" el mundo, por ser la clase más consciente y más profunda en toda la historia de la humanidad.

Los civilizados, los industrializados, los proletarizados, eran para Marx los estereotipos del "hombre nuevo" y "superior"; consecuentemente, los campesinos, los artesanos, y demás no-proletarios, eran personas "atrasadas", por ende, debían proletizarse a medida que avance la industrialización en todo el mundo, para que devengan en "avanzados", o como se dice ahora, en "desarrollados". En este sentido, todos los pueblos de la Tierra debían proceder a civilizarse, industrializarse, aburguesarse y proletizarse, para que devengan en sociedades "avanzadas", "modernas", "cultas", "progresadas", etc. Irónicamente, hoy en occidente, hay quienes recuperan las formas artesanales y las promocionan como una ventaja en la calidad del producto, especialmente quienes están cerca del ecologismo y de las terapias holistas.

Entonces, para el joven-adulto Marx, si en un país no había industria y no había burguesía, no había un proletariado que pueda derrotar al atraso que representaban las sociedades pre-capitalistas, y especialmente las sociedades no-civilizadas o bárbaras, que para Marx eran los pueblos indígenas o "primitivos", incluidos los de Europa. Veía como irremediable y necesario la aparición del capitalismo, como un paso previo y obligado para poder construir el socialismo y luego el comunismo, por lo que fomentaba el civilizar y paralelamente construir el capitalismo en todo el mundo para que sea posible la sociedad proletaria, la mejor o las más avanzada de todas las que han existido y que existirán. Para Marx, el proletariado era el fin de la historia, como para Fukuyama era el capitalismo.

Para el adulto-Marx, la "cuestión nacional" no estaba principalmente en la lucha de clases sino en las diferencias epistémicas y científicas de los pueblos, que él las sintetizaba en el "desarrollo de las fuerzas productivas". Era la tecnología la que determinaba quienes eran superiores e inferiores, mejores o peores... Todos ellos conceptos mecanicistas y cientificistas del "babelismo" endémico. De China, decía Marx que era una sociedad bárbara que sería modernizada y adelantada gracias a la penetración colonial de Europa. A la India, le consideraba un país estancado por la "preeminencia de comunidades rurales", de "creencias místicas" y de "déspotas parasitarios"; y aspiraba que eso cambiaría, con la instalación del ferrocarril y la importación de textiles que estaba llevando a cabo la burguesía británica, a través de la invasión y el colonialismo que había impuesto. Decía: "El sistema ferroviario se convertirá por tanto en la India en un verdadero precursor de la industria moderna [...]La industria moderna, llevada a la India por los ferrocarriles, destruirá la división hereditaria del trabajo, base de las castas hindúes, ese principal obstáculo para el progreso y el poderío de la India"[31].

Y no solo que alababa la penetración del capitalismo sino del colonialismo europeo, pues para él era un acto de civilización de aquellos pueblos: "Los conquistadores bárbaros son conquistados por la civilización superior de los pueblos sojuzgados por ellos". Es decir, si bien criticaba la penetración de los países imperialistas europeos en el resto del mundo y por otro lado aplaudía la penetración del capitalismo, veía a todos ellos como hechos necesarios y positivos para

---

31 Futuros resultados de la dominación británica en la India. New York Daily Tribune. 8 de agosto de 1853.

que puedan incorporarse al progreso que estaba llevando Europa a través de la sociedad industrial y civilizada. Circunstancia, que por cierto, no ha cambiado hasta el día de hoy, pues lo siguen creyendo así las izquierdas y las derechas de todo el mundo.

El adulto-Marx criticaba la falta de independencia del Asia, pero al mismo creía que la penetración de la burguesía era el único camino para su progreso revolucionario, a través de la industrialización que estaba llevando a cabo el capitalismo por intermedio de los civilizados europeos: "Bien es verdad que al realizar una revolución social en el Indostán, Inglaterra actuaba bajo el impulso de los intereses más mezquinos, dando pruebas de verdadera estupidez en la forma de imponer esos intereses. Pero no se trata de eso. De lo que se trata es de saber si la humanidad puede cumplir su misión sin una revolución a fondo en el estado social de Asia. Si no puede, entonces, y a pesar de todos sus crímenes, Inglaterra fue el instrumento inconsciente de la historia al realizar dicha revolución".

Y peor concepto, tenía del África y de la América indígena, a quienes consideraba que todavía seguían en estado natural o salvaje, por lo que estaban todavía aún más lejos de devenir proletarios. Para el joven-adulto-Marx, eran "pueblos sin historia" y a los cuales se refirió muy de paso en sus escritos, pues estaban "muy atrasados". Ciertos pueblos de Europa eran atrasados, los de Asia eran mucho más atrasados, y los de África y Amerindia eran el atraso del atraso. Irónicamente, hoy estos pueblos son revalorizados en el propio occidente frente al cambio climático en curso y al caos de la sociedad artificial y consumista.

El Manifiesto Comunista, en el fondo es una apología del capitalismo, pues para el treintañero Marx el socialismo-comunismo solo podría surgir de sus cenizas. Para él, el auge del capitalismo y del "libre cambio" (palabras de Marx), era el proceso de absorción de formas "arcaicas" precedentes de producción a otras superiores. En definitiva, supuso que el socialismo global se desarrollaría incorporando a toda la periferia mundial al vehículo de la civilización capitalista y tecnólogica que era Europa, una típica actitud colonialista de la derecha pero también de la izquierda. Formado y consolidado el capitalismo mundial y a la par civilizados todos, es decir, europeizados globalmente, se estaría más cerca de una revolución proletaria a través del desarrollo de las fuerzas productivas como determinantes primordiales que delimitaban el curso obligado de la historia.

Los bárbaros y primitivos serían civilizados por la burguesía y paralelamente convertidos en proletarios, para crear la civilización proletaria mundial de matriz occidental. Tal como se refiere en los artículos de 1853, de como "sentar los fundamentos materiales de la sociedad occidental en Asia". De ahí que vanagloriaba a Inglaterra, diciendo que cumplió una doble misión en la India, uno destructivo y otro renovador, esto es, la aniquilación "de la bárbara sociedad asiática" y la colocación de las "bases materiales de la sociedad occidental en Asia".

Contradictoriamente, de alguna manera ya empezó a surgir el Marx-maduro y se dio cuenta de su equivocación, tal como lo reconoció en una carta a Engels del 14 de junio de 1853: "He proseguido esta guerra oculta en mi primer artículo sobre la India, en el que se presenta como revolucionaria la destrucción de la industria vernácula por Inglaterra. Esto les resultará muy shocking a los editorialistas de The New York Daily Tribune. Por lo demás, la administración británica en la India, en su conjunto, era cochina y sigue siéndolo hasta el presente".

El otro ejemplo de su colonialismo civilizatorio, es cuando dice que la India pasó de un "despotismo asiático" a un "despotismo europeo cultivado". Acaso puede haber un "despotismo cultivado", solo en la cabeza del joven-adulto-Marx podía existir aquello, lo que refleja el eurocentrismo de Marx, como de muchos marxistas actuales, así por ejemplo Zizek (de quien hablaremos en el siguiente artículo).

La India, para el Marx-adulto, debía agradecerle a la "espada británica" de que haya puesto los cimientos para edificar "la unidad política de la India", lo que hizo posible que pudiera lograr su independencia de la propia Inglaterra. Es decir, Gandhi debía haberles homenajeado a los británicos, pues si no fuera por ellos que los liberaron del atraso y de las creencias místicas, no habrían logrado independizarse de los "déspotas" hindúes ni de los británicos: "El ejército hindú, organizado y entrenado por los sargentos ingleses, es una condición sine qua non para que la India pueda conquistar su independencia y lo único capaz de evitar que el país se convierta en presa del primer conquistador extranjero".

Siguiendo esta perspectiva del Marx-adulto, los indios americanos tendrían que agradecer a los conquistadores europeos de que hayan traído el cristianismo para salvarles del pecado original, y a la izquierda por traer el marxismo para redimirlos de la derecha imperialista. O en palabras de Engels, que los "residuos de pueblos" tengan el derecho a una existencia nacional independiente, como la que tienen los pueblos dotados de "fuerza vital" y "viables". De hecho, así lo siguen festejando hasta el día de hoy los cristianos y marxistas latinoamericanos.

El joven-adulto-Marx, no solo que despreció a los pueblos indígenas, a los campesinos, y en general a todos aquellos no-proletarizados, sino a la misma naturaleza y a la espiritualidad de los pueblos no-occidentales, como se puede leer en este pasaje de El Capital: "No debemos olvidar el bárbaro egoísmo que, concentrado en un mísero pedazo de tierra, contemplaba tranquilamente la ruina de imperios enteros, la perpetración de crueldades indecibles, el aniquilamiento de la población de grandes ciudades, sin prestar a todo esto más atención que a los fenómenos de la naturaleza, y convirtiéndose a su vez en presa fácil para cualquier agresor que se dignase fijar en él su atención. No debemos olvidar que esa vida sin dignidad, estática y vegetativa, que esa forma pasiva de existencia despertaba, de otra parte y por oposición, unas fuerzas destructivas salvajes, ciegas y desenfrenadas que convirtieron incluso el asesinato en un rito religioso en el Indostán. No debemos olvidar que esas pequeñas comunidades estaban contaminadas por las diferencias de casta y por la esclavitud, que sometían al hombre a las circunstancias exteriores en lugar de hacerle soberano de dichas circunstancias, que convirtieron su estado social que se desarrollaba por sí solo en un destino natural e inmutable, creando así un culto embrutecedor a la naturaleza, cuya degradación salta a la vista en el hecho de que el hombre, el soberano de la naturaleza, cayese de rodillas, adorando al mono Hanumán y a la vaca Sabbala."

El joven-adulto-Marx, no solo que era un sobresaltado babelista sino que también era un iniciado ecocida, en cuanto para él vivir en el continuo de la naturaleza era un "culto embrutecedor" de pueblos "sin dignidad". Pues le concebía a la naturaleza, tan solo como una fuerza productiva al servicio de "el hombre, el soberano de la naturaleza". Los actuales eco-marxistas, han logrado encontrar unos pocos párrafos en sus innumerables escritos en el que Marx hace alguna defensa de la naturaleza, pero no porque la naturaleza tenga valor en sí mismo o sea un fin en sí mismo. Y peor, porque sea visto como un ser viviente o una fuerza proveedora de vida, y mucho menos porque sea considerado una entidad consciente y espiritual, pues esto ya es animismo si no es esoterismo, y a lo cual últimamente lo califican de "pachamamismo".

Como vemos hasta aquí, el joven-adulto-Marx, era lo que en conceptos actuales se denomina: eurocentrista, neocolonialista, neodesarrollista, extractivista, modernizador del capitalismo, etc. Irónicamente, los marxistas-jóvenes actuales, en vez de comunalizar el territorio con cooperativas, asociaciones, colectivos, ecoaldeas, etc., se encuentran desmoronando el comunismo milenario al destruir las aldeas y comunidades indígenas, para que se vuelvan unidades de producción capitalista, con las que luego será posible construir su "utópico" socialismo, y "regresar" a un comunismo científico.

EL SABIO MARX

Afortunadamente, el Marx-maduro reaccionó, los escritos de 1869-70 ilustran este despertar. Este Marx ya no desvalorizaba a las colonias, ni repetía que las sociedades asiáticas estaban destinadas a copiar el patrón europeo. Es más, apoyó plenamente la independencia de la India y expresó su simpatía por la resistencia que llevaban. Lo mismo de China y le hacía un elogio a su lucha nacional.

Pero lo más importante, es que el maduro-Marx tomó conciencia de que el saqueo colonial y la introducción del capitalismo no llevaba automáticamente a una transformación de esos pueblos. Que el colonialismo capitalista y la europeización civilizatoria no lograba aumentar la productividad ni la proletarización sino que reforzaba a la aristocracia, provocando la expulsión de los campesinos y la concentración de la propiedad; por lo que abandonó su expectativa con la expansión capitalista. Incluso, llegó a reemplazar el esquema unilineal de desarrollo de las fuerzas productivas por una visión plurilineal de difusiones múltiples. Se dio cuenta que la acumulación primitiva no necesariamente generaba procesos de industrialización en un país sometido al despojo. Incluso, consideró que para que haya una emancipación social tenía que haber ante todo una eliminación de la opresión nacional.

El Marx-maduro, ya no veía al sistema comunal como algo reaccionario y la necesidad de destruirlo superponiéndolo el capitalismo, por el contrario, revalorizó la lucha nacional y hasta planteó la posibilidad de transiciones al socialismo y hasta el comunismo desde formas comunales. En una carta enviada a Vera Zasulich el 8 de marzo de 1881 (dos años antes de su muerte), admitió la posibilidad de que Rusia podría obviar la etapa de desarrollo capitalista y construir directamente el comunismo sobre la base de la propiedad comunal de la tierra, en donde estaban "las condiciones normales para un desarrollo espontáneo". Reconoció que la "comuna es el punto de apoyo de la regeneración social de Rusia", aunque para pasar directamente a la etapa socialista sin una fase capitalista precedente, "será preciso eliminar primeramente las influencias deletéreas que la acosan por todas partes."

Lamentablemente, los marxistas del siglo 20 y 21, solo se han quedado con el Marx dogmático de la juventud y el eurocentrista de la adultez, y no conocen al Marx sabio que comenzó a aparecer en sus últimos 10 años de vida. Lenin, Stalin, Mao y todos los marxistas, solo se han dejado influenciar por el Marx inexperto e ingenuo de la juventud, y por el Marx prejuicioso y despreciativo de los pueblos no-europeos en su adultez.

Los marxistas han seguido repitiendo las mismas equivocaciones de Marx, cuando él ya se había encargado de corregirlas, pero los marxistas hasta ahora no se han enterado de aquello y siguen repitiendo los mismos errores, y de ahí su fracaso tras fracaso. O como dice Kohan[32]: "el pensador debutante del Manifiesto estaba más atento a los procesos objetivos de la expansión capitalista y el autor maduro de El Capital resaltaba la gravitación subjetiva de la lucha nacional y social". A lo que nosotros añadiríamos, que el sabio-Marx en su etapa final, superó al Manifiesto y a El Capital cuando entendió la importancia de la lucha anticolonial y del apoyó al sistema comunal[33].

---

32 Kohan, Néstor. 1998. Marx en su (Tercer) Mundo: hacia un socialismo no colonizado, Biblos, Buenos Aires.

33 Marx, Karl. 1980. El porvenir de la comuna rural rusa, Cuadernos de Pasado y Presente, México.

Nos preguntamos, cuándo los marxistas contemporáneos despertarán al Marx-maduro en su accionar y su lucha, para evitar que la revolución industrial de nuestro tiempo que es la digital, acabe con toda la humanidad a través del cambio climático. Siguen actuando, como pensaba el joven-adulto Marx de que el crecimiento industrial no tenía límites, de que la prosperidad dependía del desarrollo ilimitado de la producción industrial. Sin entender que el crecimiento y el desarrollo ilimitado, es lo que nos está llevando a este callejón sin salida y en el que pronto ya no habrá retorno si seguimos a este ritmo desenfrenado. De esto, de alguna manera ya comenzó a darse cuenta el Marx-maduro cuando hizo algunas defensas de la naturaleza, y quizás el viejo-Marx habría sido más contundente con la crítica a la explotación de la naturaleza.

Los científicos vienen advirtiendo de la gravedad de la situación actual del planeta, pero ni los capitalistas ni los marxistas-jóvenes (o ingenuos –sería mejor decir-) lo admiten, y si lo aceptan no hacen algo profundo, todo es superficial y con el argumento de que ahí están los recursos económicos para salir de la pobreza. Cuando el asunto es más de fondo, pues, el joven-adulto Marx sólo tomaba en cuenta el aspecto económico de la opresión en la producción de plusvalía, en la relación de explotación del trabajo y de la propiedad privada, pero lo cual no determina obligatoriamente que desaparezca la opresión de los trabajadores, si es que esta no se la resuelve integralmente, esto es, la opresión patriarcal, racial, sexual, cultural, étnica, antropocéntrica, estatista, etc. Si no se solventa todo en conjunto, lo único que lograrán construir es un "capitalismo de estado", tal como ha sucedido en muchos países y regiones.

En todo caso, lo único seguro hasta ahora, es que no será la izquierda la que terminé con el capitalismo sino será la propia naturaleza, en otras palabras, será el propio capitalismo el que se autodestruirá por efectos del cambio climático, aunque ello también signifique la extinción de toda o una parte de la humanidad. Hay que entender bien el capitalismo, como decía el sup Galeano -tomando un concepto de Elías Contreras-, de "que el capitalismo era un criminal y que la realidad entera en el mundo era la escena del crimen y como tal debería ser estudiada y analizada.[34]"

Las revoluciones socialistas solo han transformado una forma de opresión en otra, pues los cambios políticos y económicos han sido insuficientes para destruir el capitalismo. De esto, el Marx-maduro ya comenzó a comprenderlo en su posterior crítica al colonialismo, aunque no avanzó a verlo en su totalidad, esto es, como una crítica al antropocentrismo, al sexismo, al patriarcalismo, al logocratismo, etc. Mientras el fin último de la sociedad sea el progreso a costa de la naturaleza no-humana, no habrá terminación de la opresión en ninguna de las formas. La sociedad industrial y tecnológica, desde su extremo individualismo (capitalismo salvaje) hasta su extremo estatista (capitalismo de estado) han continuado con la opresión de los trabajadores y de la naturaleza no-humana.

Por tanto, el origen de todo está en la dependencia, en la que unos dirigen y otros ejecutan, y en el socialismo los trabajadores permanecen subordinados al Estado, principalmente al "partido de los trabajadores". En consecuencia, la opresión sigue sujeta a la función social del progreso económico de los grupos que dirigen, sobre las inmensas mayorías que ejecutan. No hay diferencia real, entre trabajar para el patrón capitalista que trabajar para el patrón estatal, que en última instancia es al líder máximo del Comité Central.

Mientras el crecimiento de la economía o la economía en si mismo, esté en medio de la lucha por el poder la opresión será inevitable. La izquierda marxista, que sigue al ortodoxo joven-adulto Marx, no podrá construir otra sociedad si no derriba lo que da

---

34 https://bit.ly/2pfqd1F

sustento a la opresión: la relación entre la lucha por el poder y la relación con las fuerzas productivas, en particular con la naturaleza. Si la izquierda sigue esclava del crecimiento de la producción, en vez de preocuparse de la emancipación integral de los seres humanos, lo único que conseguirá es que el socialismo sea prisionero de la economía, es decir, que se siga poniendo a los seres humanos al servicio del "progreso", y no al revés. Lo que también vale decir, poniendo a la naturaleza al servicio del "desarrollo de las fuerzas productivas", lo que implica nuestro suicidio colectivo.

Consecuentemente, no ha habido ninguna "dictadura del proletariado", sino una plena dictadura del partido, esto es, del monarca de izquierda en el poder (Lenin, Stalin, Mao, Castro, Chávez, Evo, Correa), todo a nombre de la revolución y de los trabajadores. Ni ha habido ninguna supremacía del hombre sobre el capital, sino una supremacía del capital y del Estado sobre el ser humano y la naturaleza no-humana. Siguiendo al joven-adulto Marx nunca se producirá un "progreso" sino un regreso. Si el Marx-maduro y especialmente el viejo, hubieran escrito varios libros, quizás otra fuera la historia a contarse hoy en día.

Por lo tanto, de lo que se trata es de terminar con toda forma de dependencia laboral de tipo privada o estatal, para trabajar comunalmente o aldeanamente para sí mismos y no para otros. Sistema de aldea o de autosuficiencia del que Marx renegaba en primera instancia, pero que luego comenzó a valorarlo y con ello a hacerse comunista de verdad. En "El Capital", en su gran mayoría crítica al sistema comunal, pero al mismo tiempo lo aprecia de alguna manera cuando las describe cómo funcionan, tal como en este texto: "Esas antiquísimas y pequeñas entidades comunitarias indias, por ejemplo, que en parte todavía perduran, se fundan en la posesión comunal del suelo, en la asociación directa entre la agricultura y el artesanado y en una división fija del trabajo, que sirve de plan y de esquema predeterminados cuando se establecen nuevas entidades comunitarias. Constituyen conjuntos de producción autosuficientes, con una superficie productiva que oscila entre cien acres y algunos miles. La masa principal de los productos se produce con destino al autoconsumo directo de la comunidad, no como mercancía y por tanto la producción misma es independiente de la división del trabajo establecida en el conjunto de la sociedad india, división que está mediada por el intercambio de mercancías. Sólo el excedente de los productos se transforma en mercancía, e incluso en el caso de una parte del mismo esa transformación no ocurre sino cuando llega a manos del estado, al que desde tiempos inmemoriales afluye, bajo la forma de renta en especies, determinada cantidad de tales productos. En distintas regiones de la India existen formas distintas de la entidad comunitaria".

Y esto, es lo que hay que revalorizar y actualizar a los tiempos actuales. Quizás el viejo-Marx, se habría dado cuenta de que eso era el "comunismo científico", de que éste no estaba en el futuro y habría pasado a potenciar a este milenario sistema, sin necesidad de pasar por el capitalismo ni el socialismo. Y esto, es lo que tienen que despertar los marxistas actuales, el sentido comunal o aldeista para ir directamente a la construcción del comunismo, pero no la del utópico joven-Marx que recreó en su cabeza la sociedad ideal, sino, el de las naciones milenarias que el Marx-maduro comenzó a valorar posteriormente, pero como ya no vivió el Marx-viejo no pudo ir más al fondo.

El error no es básicamente de Marx, sino de los marxistas, especialmente de Lenin, que se influenció principalmente del joven idealista Marx. Y desde Lenin, todos lo han repetido o han seguido su error, sin que hayan procedido a activar al Marx-maduro y vislumbrar al Marx-viejo y sabio. En su época, Marx no fue famoso ni popular, fue Lenin el que le hizo, pero se equivocó de Marx, si hubiera conocido al Marx-maduro quizás otra hubiera sido la situación actual de Rusia y demás países de la Unión Soviética y del mundo.

Algo difícil también para Lenin, pues los escritos del Marx-maduro de sus últimos años de vida, estaban dispersos y no se difundieron ampliamente en esa época, ni siquiera ahora. Pero, si Lenin habría sido capaz de ir más allá de Marx, hoy tendríamos un marxismo-leninismo realmente revolucionario y no el pequeño-burgués que constituye a todos los partidos comunistas en el mundo.

De esto, algo han entendido los eco-socialistas y los marxistas indigenistas, por lo que hay que aspirar que pronto se des-dogmaticen, des-colonicen, des-civilicen, y vayan mucho más profundo a lo que llegó el maduro-Marx. Para ello, deberían abrazar actualmente el decrecimiento, el bien común, el buen vivir, el autonomismo, la autosuficiencia comunal, la democracia horizontal, los movimientos de transición, las eco-aldeas, etc. Esto implica, limpiarse del socialismo del siglo 20, del progresismo, del desarrollo ilimitado, y de todo cuanto ha venido haciendo la izquierda marxista-juvenil-utopista-dictatorial-institucional[35]. Ahí podremos creer que habrá una auténtica y profunda revolución, en alianza y conexión con los tercerizados.

Seguir solo centrados en la bivalencia derecha/izquierda es una aberración. Al respecto Zibechi dice: "La polarización derecha-izquierda es falsa, no explica casi nada de lo que viene sucediendo en el

---

35 "La izquierda es parte del problema, ya no la solución. Porque, en rigor, aunque ahora empiecen los deslindes, los progresismos son hechuras de la misma urdimbre. Miremos al PT de Lula. Niegan la corrupción que es evidente desde hace una década, cuando Frei Betto escribió La Mosca Azul luego de renunciar a su cargo en el primer gobierno Lula, cuando se destapó el escándalo del mensalao." Raúl Zibechi, "Cuando la izquierda es el problema", https://bit.ly/2TKoVYB

mundo. Pero lo peor es que la izquierda se ha vuelto simétrica de la derecha en un punto clave: la obsesión por el poder.[36]"

Esto quiere decir, que hay otras polarizaciones más profundas y que están agrupadas en el modelo centro/periferia: colonialismo/alteridad, globalización/subalternidad, norte global/sur global, civilización/cultura, primer mundo/tercer mundo, crecimiento/decrecimiento, desarrollados/subdesarrollados, etc. El centrismo es toda forma de concentración, ya sea en el estado, en la propiedad, en una clase social, en el partido, en las potencias, etc. Conjunto de centrismos, que están envueltos en el paraguas del "babelismo".

Por tanto, la alter-nativa está en las periferias, en los paradigmas del "cuarto mundo", de los "salvajes", de los "primitivos, de los "atrasados", etc. Irónicamente, la des-eurocentrización se está dando más fuerte en Europa, que en el resto del mundo. Mientras, una parte de la población de los países del primer mundo están cansados de tanta artificialidad y anorexia social, por lo que están tratando de regresar a vivir en el campo y otros se han puesto a construir eco-aldeas y cooperativas integrales; paradójicamente, los del tercer mundo se encuentran destruyendo a sus ancestrales aldeas. Mientras unos van, otros regresan. Lo que van perdiendo los países "subdesarrollados", la gente de los países "desarrollados" las están buscando. Esas son las paradojas de nuestro tiempo.

---

36 Idem

4

El eurocentrismo de Zizek

"La sociedad humana misma advierte a la periferia como el centro de acción, porque ahí existe la conectividad de las cosas, que han sido aisladas de manera sublimada por las culturas predominantes".

–Jaime Vargas Condori.

El intelectual marxista de origen sloveno Slavoj Zizek, en su artículo "PIENSA LOCAL, ¡ACTÚA GLOBAL!" señala lo siguiente, y que es lo medular en la fundamentación de su discurso, como asimismo para darle título a su artículo del cual vamos a comentar: *"En los años 60, el eslogan del incipiente movimiento ecologista era ¡Piensa global, actúa local!. Trump promete hacer exactamente lo contrario: Piensa local, actúa global.*[37]*"*

Cuando surgió este axioma: "piensa global actúa local", por parte de un grupo de ecologistas de origen europeo, fue cuestionado y rechazado por otros ecologistas e intelectuales, principalmente de Sudamérica, que veían el carácter eurocéntrico y hegemónico de aquel principio, pues el "piensa global" significaba que había

---

37 https://bit.ly/2RIAmmu

un solo pensamiento en el mundo, o de que todos debían llegar a pensar globalmente de una sola manera. Evidentemente, el pensamiento global o "pensamiento único" que debería ser incorporado y asimilado por el resto de la humanidad, sería el de los autodenominados: primer mundo, desarrollados, civilizados, avanzados, etc. En definitiva, dicha frase representaba una clara expresión homogeneizadora, monocultural, antropocéntrica y totalitaria.

Esto llevó a pensar a otra intelectualidad que más bien podría ser al revés: "piensa local, actúa globalmente". El "piensa local" significaba que en el mundo habían varias formas de concebir la vida y de vivirla, de que había que partir de la realidad cultural de cada pueblo, de que los procesos eran milenarios y diferentes en cada región del planeta. Este "piensa local", no podía quedarse en un individualismo o en un encerramiento para "actuar localmente", sino que había que "actuar globalmente". Esto es, acompañar o apoyar a otros procesos en otros lugares de fuera de lo local. Era un pensar desde su cultura o su proceso histórico, pero estableciendo relaciones con todos los pueblos en el mundo, en la conciencia de que estamos en un solo planeta.

Sin embargo, para las racionalidades de las "naciones primeras", además se trataba de no llegar a un "pensar individual" -en cualquiera de las formas descritas anteriormente-, sino en un "pensar colectivo", a partir de la comprensión que nadie piensa ni existe por sí mismo sino a partir del otro, o dicho de otra forma, en la conciencia de que en la interrelación o en el compartir se descubre a sí mismo y descubre a los demás.

Pero, este "pensar colectivo" no se circunscribe solamente al "ser humanidad" sino al "ser natural integral" o al "ser cosmos", pues el ser humano no es un ente aparte que piensa por sí mismo sino que es parte de la mente cósmica o de la consciencia total. Y tampoco es un pensar absoluto, pues nadie ha dejado de sentir, así crea que es un ser totalmente racional, ya que todos y todo, son parte de un senti-pensar o de un "pensi-siento" multiversal.

Esto mismo, lo podemos repetir en un lenguaje académico: a un ser humano integral no le interesa solo el texto sino el contexto y el subtexto; por lo que no hay separación o exclusión entre el pensar-actuar y lo local-global, sino que todo es un conjunto integrado y armónico.

Siendo, justamente éste el conflicto de Zizek y del occidente en general, de que dichos conceptos o principios siguen guardando una separación entre el pensar y el actuar, entre lo local y lo global, entre lo individual y colectivo, entre el pensar y el sentir, entre el pensar y la naturaleza, entre el sentir y el cosmos, etc. Terminan siendo expresiones dualistas, ya que siguen la misma lógica cartesiana del "pienso luego existo" o "existo luego pienso".

Es decir, son parte y prolongación de la misma visión dicotómica o dualista de lo que representa el eurocentrismo o de cómo surgió la civilización, pues, antes de ello no existía esta concepción de exclusión o de separación en ninguna parte del mundo. Por tanto, lo que vive actualmente el mundo, es que por un lado hay una humanidad que tiene un "pensamiento de exclusión", y por el otro, un "ser humanidad" que se sabe que es parte de un "senti-pensar de inclusión". De ahí, una antinomia ontológica, en la que el racionalismo babélico busca extinguir o al menos dominar a los pueblos completos o integrales, acusándolos de irracionales.

En la historia mundial, solo lo que dio en llamarse "civilización occidental" procedió a dividir y especializar a la vida, a la naturaleza, a lo sagrado, a la "realidad", etc.; pues antes de ello, todos los pueblos del planeta la veían complementariamente. Concebían y aceptaban la existencia de la diferencia y de la oposición, en la medida de que entendían que todo estaba interrelacionado y de que todos dependían uno del otro. Para posteriormente con el surgimiento de la babelización pasar a creer en la fragmentación y en la separación[38]; como modelo de vida, de sociedad, de ciencia, de tecnología, etc.

Ésta es la divergencia fundamental, que marca la distancia y la ruptura entre el "pensamiento eurocéntrico" y el "pensisiento de los tercero-excluidos o la racionalidad de los anatemas". Y a partir de ello dos sistema-mundos totalmente diferentes y excluyentes uno del otro. Una antinomia de vida o muerte.

El "pensamiento de exclusión" es el generador y el responsable de la actual situación de crisis ambiental y del caos social global. El desajuste a los ecosistemas y su desequilibrio ha sido originado por una manera de ser y de existir. El modo de concebir a la naturaleza y su relación con ella, es la que ha provocado el cambio climático y todas sus secuelas. La cosificación y mercantilización de la naturaleza, es el mayor acto de destrucción ambiental llevado a cabo por el "babelismo", especialmente en su etapa cumbre autodenominada la modernidad.

Crisis ecológica que en nuestros días ha llegado al clímax, con la posibilidad progresiva de que seamos la generación que vea la desaparición de la especie humana o una buena parte de ella, si es que no se cambia a tiempo con este pensamiento "contranatura" y

---

38 "Durante el tiempo de reforma a través de ciudadanización no se ha transformado el modo de relación con la naturaleza generado por la emergencia del capitalismo, que es parte de la cultura moderna. Esto consiste en concebir una separación entre sociedad y naturaleza y pensar el desarrollo como la generación de capacidades y conocimientos que permitan el dominio de la naturaleza, en particular orientada a un aumento de las ganancias. La principal alternativa global al capitalismo, que fue el socialismo, tampoco implicó una revisión del modo industrialista e instrumental de relación con la naturaleza. El socialismo fue también un modo de desarrollo moderno." Luis Tapia, El tiempo histórico del desarrollo en el libro Alternativas al capitalismo colonialismo del siglo XXI

se retoma el sentido de vivir en el "continuo de la natura" o "continatura". Ese el dilema de la humanidad actual.

En este sentido, cuando Zizek utiliza estas analogías como fuente argumentativa de su discurso y de cómo las relaciona con Trump, deja ver otra parte de su euro-occidentocentrismo. Así, en dicho artículo, habla de América pero para él América es solo EEUU. No existen los latinomericanos y los indoamericanos. Los EEUU se apropiaron de todo, hasta del nombre "América", y hay quienes la validan y la reconocen como tal. En la práctica, para cierto "pensar globalmente" los interamericanos siguen siendo el "patio trasero" de EEUU. Referirse a los estadounidenses como americanos, es una manera muy eurocéntrica de expresarse, con todo lo que ello implica o envuelve.

Pero además, significa que él acepta y reconoce al pensamiento europeo como el centro de todo y que las demás racionalidades o "pensisientos" son periféricos, es decir, menores. Zizek es crítico de la bivalencia centro/periferia, pero como su mentalidad es eurocéntrica no se interesa por conocer el pensamiento de la alteridad y peor de experimentarla en un ser. Sigue en la lógica de externalidad del fenómeno de estudio o de objeto de conocimiento. No sabe lo que es la relación sujeto-sujeto (inclusión), y solo conoce la de sujeto/objeto (exclusión).

En el fondo, él y toda la intelectualidad, al interior y exterior de occidente, siguen "pensando" y "actuando" centradamente, es decir, eurocéntricamente. La periferia es básicamente un discurso para cuestionar la centralidad de los países ricos y de la derecha occidental sobre los países pobres y la izquierda, pero, no para cuestionar el centrismo de todo occidente o del primer mundo sobre el resto del mundo. Y esto se debe, a que no se cuestiona al dualismo centro/periferia desde el "pensisiento" o conciencia de "afuera" o de los "otros", sino desde el mismo pensamiento de "adentro". Y eso también es eurocentrismo.

Algo muy típico en la izquierda y en los marxistas. Dicen que luchan por los olvidados, los ninguneados, los indios, los colonizados; pero lo hacen desde un pensamiento externo a ellos. Los "otros" son objeto de conocimiento, analizados desde la externalidad y desde la lógica del pensamiento de exclusión.

El objetivo de las izquierdas es construir el socialismo y luego el comunismo en todo el mundo. Teorías éstas, provenientes o construidas en Europa. No les interesa que los "otros" continúen o profundicen sus procesos milenarios, por el contrario, deben olvidarlos y lanzarse a hacer realidad las teorías y los experimentos de la "clase más avanzada" y del "pensamiento más adelantado". O, como diría Zizek: "seguid nuestro sueño de izquierda".

Por ello, todo se desenvuelve en la dicotomía babélica: derecha / izquierda, capitalismo / socialismo, liberalismo / marxismo, idealismo / materialismo, episteme / doxa, etc. Debiendo todos inscribirse en esas categorías, y si alguien se sale de ellas -las izquierdas apuntan con el dedo y dicen-: "en el fondo es un derechista" o alguien que le "hace juego a la derecha". Y luego gritan como machos alfa: "patria o muerte", cuando en los tercerizados se respira "matria y vida".

El "babelismo" se dedica a orar a su "Cristo muerto en la cruz", o a su "Dios ha muerto", o a la "filosofía a muerto", o al "fin de la historia", etc.; mientras en otros lares se dedican a la fiesta, al ritual, a la ensoñación, al homenaje a la vida. Lo cual nos proporciona dos mundos: uno vital y otro necrológico, uno animista y otro escatológico. Una cultura de la vida y una civilización para la muerte[39].

---

39 He aquí una fuente inagotable de malentendidos entre ambas civilizaciones. Sus software, en efecto, son antagónicos: uno basado en la identidad, la no contradicción y el tercero excluido; la otra basada en la polaridad antagónica, la complementariedad y el tercero incluido. Ambos modelos entrañan, pues, dos visiones asimismo antagónicas de lo que es la Buena

Afortunadamente, al interior de occidente hay también los senti-pensantes que se están abriendo paso y con ello renace la esperanza de un mundo armónico y no uno bipolar y entrópico.

El dualismo, la dicotomía, la diastasis, la bifurcación, la dialéctica, la bivalencia, etc., son para el "babelismo" las únicas teorías válidas de análisis y de síntesis. La "ley de la competencia" y de los "antagonismos sociales", son las únicas fuerzas y motores que permiten el progreso y el crecimiento del "mundo civilizado" -en palabras de Zizek-. En suma, solo "la lucha de contrarios" hace posible la vida y su evolución permanente. Y todo lo que salga de ese molde, no es: académico, científico, serio, objetivo, verdadero.

El "babelismo", de izquierda y de derecha, no conoce o entiende qué es la "armonía de contrarios", pues, no puede ver que la civilización u occidente surge como substitución o reemplazo de este milenario y mundial principio, por el de "lucha de contrarios". Siendo ésta, la base ontológica del sistema-mundo civilizatorio que en su cúspide de la modernidad gobierna a todos y hace que todo funcione en esa proyección: guerras, conflictos, sufrimientos, enfermedades, sequías, etc.

El objetivo de la derecha es someter o superponerse al "otro" o "al menor" o "al inferior"; y de la izquierda, el de liberarlos o emanciparlos a partir de someter o dominar a los de arriba o explotadores. En la lucha capitalista, los de abajo deben sostener a los de arriba, unos son los que dirigen y otros son los trabajadores. En la lucha socialista, los de abajo deben pasar arriba y estos últimos deben ser

---

Vida. Una reduce: antropocéntrica: Occidente; la otra abre: cosmogónica: Andinidad; una excluye lo intangible: sólo lo mensurable: masa; la otra incluye los universos paralelos: frecuencias de onda que nos rozan, por ejemplo, en los sueños o vislumbramos en el chamanismo: energía. Es obvio que una privilegia lo cuantitativo y la otra lo cualitativo. He aquí una diferencia básica. Javier Medina, Blog La reciprocidad. https://bit.ly/2VOIuAV

desplazados hacia abajo. Muy bien nos recuerda Jorge Suazo, que "Lenin se encargó de explicarnos que las revoluciones difícilmente se hacen de abajo para arriba y, aunque la lección costó la vida a millones de vidas y reclusiones en gulags, somos muchos los que nunca terminamos de entenderla.[40]"

A esto lo llaman "democracia liberal" y "centralismo democrático" –respectivamente-, pero que a la final son dos maneras de sometimiento o de exclusión, por los que están arriba a su turno. Es decir, el sometimiento de unos contra otros como práctica indefinida de vida. Aunque Marx, soñaba que un día los sometedores proletarios convencerían a los sometidos burgueses, de terminar con el Estado, el partido único, y la democracia, para crear la sociedad comunista sin clases. Es decir, cuando todos se volverían comunistas y con ello se terminaría para siempre la "lucha de clases". Amén.

Entonces, nos parece equivocado el señalamiento de Zizek de que Trump "piensa local y actúa globalmente". Trump es super occidentocéntrico pues, piensa globalmente y actúa globalmente. Piensa que EEUU debe dirigir el mundo, que debe seguir mandado a todos, y de que no debe permitirse que sea desplazado como primera potencia mundial por la China u otro. Un antiinmigrante y racista como Trump, quiere que en el mundo solo hayan "blancos". Desprecia profundamente a los negros, hispanos, árabes, indios, chinos, y todo cuanto represente lo "no-blanco". Trump piensa desde su ego y actúa en la búsqueda de un mundo a su medida.

En este sentido, utilizar una frase nacida y cuestionada en un contexto para reproducirla en otro, es más de lo mismo y no una ruptura con la bivalencia cartesiana. Mucho más, al no tomar en cuenta la racionalidad de los tercero-excluidos o la conciencia de la otredad. A los eurocéntricos les interesa muy poco "descubrir" y "aprender"

---

40 "Nosotros los populistas, los idiotas de la historia", Página Siete - La Paz 16/07/17

de los "otros", de los "diferentes"; pues están convencidos que la alteridad es la izquierda. Por eso Zizek llega a decir en el referido artículo: *"La gran ironía es que los izquierdistas que durante tanto tiempo criticaron a Rusia Unida por sus pretensiones de convertirse en el policía global podrían acabar añorando los viejos tiempos en los que, con toda la hipocresía que conllevaba, Estados Unidos imponía valores democráticos al resto del mundo."* Como vemos, Zizek solo puede pasar de un extremo a otro, como buen eurocentrista, aunque él de izquierda.

De otra parte, como Zizek básicamente conoce Europa y "América" (EEUU), y solo tiene ciertas referencias de los demás pueblos no-occidentales, él también "piensa globalmente y actúa globalmente". De ahí, su "obligado" apoyo que ofreció a Hillary Clinton, ya que para él "América" es el timón del mundo y lo que pase entre republicanos y demócratas, es lo que marca el destino de la humanidad.

Entonces, para Zizek, los occidentales son el centro y ellos marcan el destino de todos, hasta del planeta mismo y muy pronto del cosmos. Los demás países de fuera de occidente son la periferia de la periferia, los cuales tienen como misión el seguir a la derecha o izquierda, si quieren salir de esa condición. Deben dejar de ser la alteridad para pasar a ser izquierdas liberales y/o marxistas. Puro eurocentrismo.

Aunque esto, para él, es una crítica absurda: *"El eurocentrismo se ha acabado, estoy harto de que ante cualquier cosa que pase, Europa tenga la culpa"*[41]. Zizek confunde Europa con eurocentrismo, pues no se está en contra de Europa sino del "pensamiento de exclusión" de las élites, que empieza dominando el senti-pensar del pueblo europeo y de ahí al resto del mundo. Y por otro lado, no entiende, que la inmigración de ahora y de ayer, y que los ataques que sufren los

---

41 Slavoj Zizek critica la "falsa empatía" por los refugiados

europeos por parte de los fundamentalistas, son el bumerán de lo que el "babelismo" hizo cuando colonizaron el mundo. Los pobres y los extremistas, han llegado a ello o son consecuencia del proyecto occidentalocentrista o de la globalización. Si el "babelismo" no hubiera colonizado el mundo, no habría quien quiera salir de esa situación. Si ahora que el partido comunista chino están colonizando el mundo, acaso el occidentocentrismo no está temeroso de perder su majestad de potencia mundial. Si los chinos someten a los occidentales, no se despertarán las ansias de descolonización y les regresará el bumerán a los chinos?

Es cierto, el capitalismo se ha vuelto global, pero el nacionalismo, el culturalismo y el centrismo también. Pero el problema no solo es del capital y/o del nacionalismo-culturalismo-centrismo, sino principalmente de una manera de concebir la "realidad", entre los que han roto con las leyes naturales a través de su pensar global, totalitario, absolutista; y los que guardan respeto y comunión a través de la armonía y el equilibrio complementario. Resolviéndose esto, se resuelve todo lo demás. Y no al revés como cree el "babelismo" y/o el antropocentrismo de derecha e izquierda.

5

El Buenvivir
Primer pensamiento propio de Interamérica

Ese progresismo ilustrado que ha elevado a conceptos de las ciencias sociales categorías tales como "complot", "mafia del poder" y que prodiga perdones, absoluciones y amnistías cuando de arriba se trata, y sentencias y condenas cuando al abajo se refiere. Eso sí, hay que reconocer que esa izquierda ilustrada es de deshonestidad valiente, porque no teme hacer el ridículo una y otra vez para convencerse a sí misma y a los feligreses de temporada que "regenerar" es sinónimo de "reciclar" en lo que a la clase política y empresarial se refiere.

—Subcomandante Galeano

El colonialismo externo e interno se ha ido profundizando y especializando al pasar del tiempo, utilizando cada vez más medios sofisticados para asegurar su hegemonismo y perennizar su homogenismo. Y por ende, la consecuente monoteización de quienes constituyen la alteridad, o dicho de otra forma, la civilización de los pueblos sustentables hasta que no quede rastro de ellos. Colonizar o civilizar o cristianizar o globalizar u homogenizar es lo mismo, pues todas ellas cumplen el papel de antropomorfizar, domesticar y de cosificar la vida.

Con el resurgir de los saberes y paradigmas de los "pueblos primeros", el "primer mundo" continuando con el "extractivismo económico", últimamente ha procedido al "extractivismo epistémico"[42] tomando una serie de conocimientos de los pueblos vitales, para luego proceder a patentarlos y utilizarlos en su beneficio exclusivo. Por mas de 400 años el homogenismo despreció los saberes y culturas de los territorios interamericanos o de Abya Yala, considerándolos atrasados, primitivos, irracionales; pero ante la fuerza y auge que han cobrado los últimos 50 años, han procedido a tomarlos e indirectamente a revalorizarlos, aunque vistos solo en el interés económico que ellos representan.

Pero cuando estos saberes no son de su conveniencia o tienen una carga transgresora, en su hegemonismo intrínseco proceden a vaciarles de su contenido original y ha resignificarlos de otra manera, produciendo un *indianismowash*[43] o un lavado de cara a través de políticas aparentemente pro-indigenistas, pero que en el fondo tergiversan o desvían las luchas de los pueblos comunitarios o aldeistas[44]. De esta manera, los paradigmas anti-hegemonistas quedan

---

42 El «extractivismo cognitivo» es un concepto expuesto en el 2013 por Leanne Betasamosake Simpson, mujer indígena del pueblo Mississauga Nishnaabeg, de Canadá, y que ha sido revalorizado por algunos intelectuales bajo el nombre de extractivismo epistémico.

43 El término wash es un anglicismo para hacer referencia a la falsedad de una persona cuando utiliza un maquillaje para presentarse como pro-algo pero que tiene el propósito contrario.

44 Hemos creado el neologismo aldeista o aldeismo para referirnos a las aldeas de los pueblos primeros y de las contemporáneas ecoaldeas, como una teoría y práctica social proveniente de este milenario paradigma, que ahora ha sido rescatado y reposicionado por las comunidades intencionales en occidente, en paralelo con las comunidades ancestrales de fuera de occidente. En nuestro libro "Ecoaldeas: sembrando el nuevo mundo", explicamos ampliamente.

anulados y desmovilizados en la intención política alterativa (no alternativa)[45] que les orientaba, para profundizar el "homogenismo epistémico y ontológico" que mantiene el control y la subordinación de los pueblos[46].

Este es el caso concreto del paradigma andino del sumak kawsay / suma qamaña que el homogenismo marxista[47] lo ha desvirtuado o distorsionado con un *buen-vivir-wash* y lo ha reconstituido en un "buen vivir estatista". Esto es, le ha hecho un lavado para quitarle su esencia formada en miles de años, para devenirlo en una etiqueta de consumo intelectual y de nueva vía "revolucionaria", pero rellenado a su medida e interés. Es más, después de la experiencia y puesta en escena de este "lavado de cara" del denominado Buen Vivir / Vivir Bien por parte de los gobiernos autodenominados "progresistas" o "socialistas del siglo 21", en algunos sectores ya se habla del fracaso de este paradigma y en otros círculos de que es impracticable e irreal. Con ello, pretendiendo su anulación para sacarle fuera de juego o de amañarlo para que quede subsumido al pensamiento único o universal. Lo que en cualquier caso significaría su encubrimiento, pasando a ser otra moda más experimentada por la izquierda.

---

45 Lo "alternativo" es una categoría que alterna al interior de un sistema y lo "alterativo" es algo que altera, rompe o quiebra con lo estatuido o normalizado.

46 Al asimilar, es decir, al subsumir estos conocimientos de los pueblos al conocimiento occidental se les quita la radicalidad política y la cosmogonía crítica «alternativa», para mercadearlos mejor o simplemente extraerlos de una matriz epistémica más radical para despolitizarlos. http://www.revistatabularasa.org/numero-24/06grosfoguel.pdf

47 No somos anti marxistas, por el contrario revalorizamos al viejo Marx que replanteó algunos conceptos del joven Marx, pero si somos críticos y contrarios a algunos marxismos, que en el fondo han deformado el pensamiento de Marx.

Ante ello, es necesario desenmascarar a este "buen vivir socialista" denunciando el extractivismo epistémico de por medio, para de esta manera reposicionar al "buenvivir[48]-comunario" en su dimensión profunda y milenaria, con el propósito de que siga siendo una luz para los pueblos andinos y un referente para el resto del mundo. Es urgente e importante hacerlo reflotar y de profundizar este paradigma dentro de los imaginarios sociales nacionales y mundiales, como una alternativa práctica y concreta frente a los paradigmas insustentables que representan toda la teoría antropocentrista o civilizatoria a través de su sistema hegemonista. Modelo que nos han conducido a la crisis ambiental y al caos global, con terribles consecuencias para la continuidad de la especie humana.

El sistema de vida del sumak kawsay o del buenvivir comunario y su racionalidad vitalista y aldeista han puesto los puntos sobre las íes, dejando ver que la crisis ambiental es consecuencia del caos del pensamiento monoteísta y de los mitos de fundación de la civilización antropocéntrica, las que representan la muerte paulatina de todas las formas de vida. Ante ello, la imperiosa necesidad de que la filosofía del vitalcentrismo y su sistema aldeista se constituyan en la puerta de escape o de alteridad para pasar a otro mundo totalmente diferente, antes que las torres de derecha e izquierda se caigan y nos aplasten a todos.

El buenvivir comunario es el aporte andino al movimiento aldeista mundial, que desde otras corrientes proponen el decrecimiento, los bienes comunes, la democracia horizontal, la sociocracia, la biocracia, etc. A todos estos nuevos/antiguos paradigmas le inscribimos en el movimiento aldeista en formación o reconstrucción en todo el mundo. Procesos en marcha por parte del movimiento de

---

48 Proponemos escribir a este paradigma en forma unida, para representar su unión y para diferenciarlo de otros washismos.

ecoaldeas o comunidades intencionales y por los movimientos de resistencia autonómica de las comunidades ancestrales, como el caso de repotenciación de las aldeas milenarias de los zapatistas en México o de las comunidades kurdas en el Asia Menor.

Por lo tanto, se hace imprescindible establecer diferencias entre la trans-modernidad como propuesta de ciertas corrientes de izquierda, y la trans-civilización como un proyecto de reformulación y de recreación, replanteando y reconstruyendo algo diferente al mundo actual. Se trata de generar un nuevo sistema de vida, a partir de otra concepción y relación con la naturaleza y el cosmos, es decir, con la vida.

INTRODUCCION

A mediados de los años ochenta el antropólogo francés Philippe Descola investigando al pueblo achwar de la amazonía ecuatoriana, se dio cuenta de un paradigma que guiaba a este pueblo y al que ellos lo denominaban en su lengua de *shiir* waras y que él lo tradujo como "buen vivir". A finales de los noventa, el investigador Elke Mader hizo lo mismo con los shwar del Ecuador, los que a su vez hablaban del *pénker pujustin* y que fuera traducido como "bienestar" o "vivir bien".

Por su parte, a comienzos del siglo XXI el antropólogo indígena Carlos Viteri Gualinga continuó con estas investigaciones dentro de los kichwas amazónicos, confirmando las tesis de Descola y Mader. Procedió a hacer una primera y básica sistematización del *sumak kawsay* de los kichwas, y que también fue traducido como "buen vivir"[49]. Sin embargo, posteriormente el pueblo de Sarayaku del que es originario Viteri, tomó una posición ante estos trabajos

---

49 Luis Antonio Capitán y Ana Cubillo, Revista OBETS Vol. 10 No.2, Universidad de Alicante, 2015.

y ellos mismos lo tradujeron al castellano como "vivir limpio y en armonía", a mas de otras precisiones.

Paulatinamente fue reivindicado este paradigma como "buen vivir" del dentro del movimiento indígena ecuatoriano, y tomando auge cuando la Universidad Intercultural Amawtay Wasi, vinculada con la CONAIE (Confederación de Nacionalidades Indígenas del Ecuador), lo aceptó y lo incorporó académicamente como parte fundamental del pensamiento indígena, en la primera mitad de la década del 2000.

Otros investigadores, como Grimaldo Rengifo en Perú, Simón Yampara y Javier Medina en Bolivia, se hicieron eco y también lo empezaron a difundir y promocionar a comienzos del siglo 21, dentro de la intelectualidad, la academia y las ONGs, como el referente y el prototipo del pensamiento andino; como también un camino de acción para los tiempos nuevos. Recibiendo nuevos aportes por cada uno de ellos, y así sucesivamente por otros, aunque también desvirtuándolo en otros casos.

Hay que resaltar que en esta época y en el proceso de sistematización teórica de la racionalidad andina o *tawantisuyana* (conocimiento andino reunificado por los incas durante el Tawantinsuyo), el aporte que hizo el suizo-alemán Josef Estermann, especialmente con su obra "Filosofía Andina", a finales de los noventa. Aunque no debemos olvidar otros aportes en el mismo sentido, especialmente los realizados por Carlos Milla Villena, Javier Lajo y otros[50], que son parte del proceso de sistematización de la racionalidad andina.

Todos estos aportes sirvieron para estructurar más profundamente el "Buen Vivir", como la confluencia o sistematización teórica del pensamiento andino. Pero no solo como algo del pasado, sino principalmente como instrumento o guía para lo que tiene que

---

50 Nuestros trabajos en "El retorno del hombre rojo" y "Caminantes del Arcoíris" se inscriben dentro de este proceso.

hacerse para un cambio real y estructural. Sin embargo, la tarea no está acabada y debe continuar, máxime cuando la globalización o monoteización del mundo avanza en su proceso de extinción de las otras racionalidades o de las alteridades. No hubo ninguna independencia de Europa, sino la profundización y ampliación de las epistemologías y ontologías monárquicas, pero ahora empujada por los propios nacionales.

Hasta el 2006, en el mundo entero se decía que solo existían dos sistemas posibles para la humanidad: el capitalismo o el socialismo, la derecha o la izquierda, con sus múltiples variantes y grados entre ellas. Pero desde la insurgencia del Buen Vivir se habla de otra vía y de otro sistema (Tercer Estado), siendo lo más importante que este nuevo-antiguo sistema ya está presente y activo en el diálogo y en el debate de la academia y de la *realpolitike*. Comenzando a estudiar más profundamente a este sistema, después de la introducción –aunque superficial– de ciertos principios y elementos de la Cosmovisión o Conciencia Andina en las Constituciones Políticas de Bolivia y Ecuador, bajo el nombre de Vivir Bien/Buen Vivir. Como asimismo por la introducción de los Derechos de la Naturaleza en la Carta Magna del Ecuador, convirtiéndose en el primer caso en el mundo pues todas las constituciones solo hablan de los Derechos Humanos. Y siguiendo esta línea, en Bolivia se aprobó los Derechos de la Madre Tierra.

Este sistema, es el milenario modo y estilo de vida de los pueblos andinos, que vive y sobrevive –a diferentes niveles y esparcido– en algunas comunidades y pueblos que han sido poco o nada afectados por la civilización, el patriarcalismo, el capitalismo, la modernidad y el desarrollo. Evidentemente, no se encuentra consolidado ni unificado en todo el territorio andino sino que supervive desperdigado, y el trabajo ha sido el de sistematizarlo teóricamente para poder visualizar el rompecabezas con todas las piezas que quedan. A pesar de aquello, se convierte este sistema en un ejemplo y en un referente para quienes aspiran un mundo nuevo y diferente al actual. Lo trascendente, es que este paradigma de vida ha devenido en un pretexto y en un medio para imaginar la posibilidad real de otro sistema, más allá de los sistemas antropocentristas del capitalismo y el socialismo.

Presentamos este texto, en la conciencia de que: "El sujeto Abya Yala es un sujeto colectivo, comunitario; el sujeto es el runa anónimo y colectivo (sin derechos de autor) con una herencia vivencial milenaria; el pensador, el sabio, el amawta, cuando habla, reflexiona, plantea, no es sino "el portavoz", el "partero" de esa colectividad" (22). En este sentido, cada uno tiene su parte y corresponsabilidad; y este libro es nuestro aporte para entender la sabiduría anciana del mundo, particularmente la andina, así como el de abrirnos a la ciencia holística moderna.

CONSTITUCIONALIZACIÓN DEL BUEN VIVIR

La incorporación del paradigma del "Buen Vivir" dentro de las Constituciones Políticas de Ecuador y Bolivia, fue un desafío y un peligro para toda la población de los Andes, y ya no solo para el movimiento indígena. Un desafío, por cuanto implicaba la plasmación real y concreta del Buen Vivir en la vida cotidiana, más allá de las palabras introducidas en la Constitución. Y un peligro, por cuanto el Buen Vivir podía ser desnaturalizado y folclorizado por ciertos sectores interesados y por otros más ingenuos. Siendo esto, en esencia lo que sucedió en la época del progresismo o socialismo del siglo 21, en su vertiente "correísta" en Ecuador, y del "evismo" (en realidad, del "garcialinerismo") en Bolivia,

En primer lugar, el sumak kawsay fue absorbido de su propio camino milenario para pasar a ser otro ingrediente, uno más entre los distintos componentes que conformarían el "buen vivir socialista", ya no de la racionalidad indígena sino del pensamiento de la nueva izquierda y de cierta academia indigenizada que se abría a "lo indígena" puesto, que la izquierda ortodoxa prefería mantenerse incólume en su claustro. Este "buen vivir en construcción" fue reestructurado por ciertos intelectuales de la nueva izquierda en una amalgama de pensamientos provenientes desde corrientes marxistas, ecologistas, feministas, etc. Surgió así un "buen vivir de izquierda" que recogía una parte del pensamiento indígena, pero principalmente del pensamiento crítico de Occidente. Este último pensamiento coincidía en algunos elementos con la racionalidad andina, pero también había ciertas diferencias estructurales y, en algunos casos, irreconciliables.

Sin embargo de todo ello, lo más grave fue la práctica impuesta por el "correísmo" y el "evismo", bajo el membrete de "buen vivir" y "vivir bien", respectivamente. Una práctica totalmente diferente a la del sumak kawsay / suma qamaña, que ni siquiera estaba cerca del "buen vivir constitucional" aprobados en Ecuador y Bolivia en sus cartas magnas. El "buen vivir correísta" y "vivir bien evista" solo eran un título, que fue resignificado y reencauchado tantas veces como fue necesario hacerlo para amoldarse a los cambiantes intereses del ególatra de Rafael Correa y del titere de Garcia Linera, el autoritario Evo Morales.

De esta manera, se terminó utilizando una vez más a los pueblos indígenas en la ya larga cadena de usurpaciones en la historia colonial de América, el que con el pasar del tiempo se ha hecho más fuerte y que no se ha debilitado desde una supuesta "independencia", como sostienen algunos intelectuales coloniales de derecha e izquierda. Por el contrario, se ha multiplicado el colonialismo pues ya no solo es externo sino interno, alcanzando su mayor clímax en nuestros días a nivel mundial. Esta vez, ya no solo por los conservadores y los liberales, sino también por una izquierda colonizada que, a pretexto de "nueva" y de "moderna", tomó como entrada al paradigma indígena para luego hacer las mescolanzas más aberrantes entre conservadurismo, liberalismo, marxismo, positivismo, clericalismo, indigenismo, etc. Y a todo ese champús llamarle "buen vivir" y "socialismo del siglo XXI".

Los conquistadores españoles a las comunidades milenarias las transformaron en sus haciendas, pasando la población a formas de esclavismo al servicio de los patrones, quienes disponían de sus vidas a su antojo, y hasta vendían las haciendas con tantas hectáreas, animales e indios. Sin embargo, la cultura propia se mantuvo en su esencia por 400 años, a pesar de que fueron cristianizados. La izquierda marxista empujó la reforma agraria y con ello la terminación del sistema de haciendas, lo que permitió una libre movilización, pero irónicamente su cultura, así su lengua, sus espiritualidades y saberes han ido desapareciendo, a medida que han sido absorbidos por la libertad de mercado. La liberación de la hacienda fue la consolidación de la sociedad de mercado libre, con una ingente mano de obra que se vendía a cualquier precio para poder sobrevivir.

El indio urbanizado terminó en alrededor de 50 años convertido en mestizo, y con ello todo un concepto de vida y de forma de interrelación con la naturaleza. El golpe final lo dio el progresismo que en vez de producir la "segunda independencia" que proclamaban, terminaron produciendo la "segunda colonización", y que al ritmo que avanza pronto desaparecerán los idiomas ancestrales y con ello toda una cultura, para terminar todos monoteizados, con ciertos residuos transformados en folclor para el turista europeo y norteamericano. El caso más patético se dio en Bolivia, con el ascenso de Evo se produjo una mayor urbanización de las ciudades por parte de indígenas pobres atraídos por los cantos de sirena del "primer presidente indio", los cuales posteriormente ya no se reconocían como indígenas sino como mestizos, según un censo realizado por el mismo gobierno "indígena".

Ante este panorama utilitarista del progresismo surgieron dos posiciones, la de desmarcarse de este "buen vivir populista" y priorizar el sumak kawsay, o la otra, de disputar su definición y su ejecución. En el primer caso, se propugnó la pertinencia del "buen vivir" como sumak kawsay dentro de la racionalidad andina, incorporando algunos elementos del pensamiento crítico occidental, siendo ésta la postura de la mayoría del movimiento indígena y de la intelectualidad andinista (entre ellos, nosotros); y en sentido inverso, la "izquierda alternativa" que incorporaba a lo indígena y al buen vivir como un elemento más dentro de su estructura izquierdista. Surge así entre ambos grupos opositores al socialismo del siglo 21 un debate de fondo, en la que los primeros critican el "asimilacionismo" y el "extractivismo epistémico" de lo indígena dentro del "paradigma occidental del buen vivir", y los segundos, que acusan de "fundamentalismo" o de "particularismo" al "paradigma indigenista del buen vivir".

Este debate también se abrió en la academia, entre una que se asumía como defensora de la pluralidad y que cuestionaba el "esencialismo" indígena; y aquella postura que les regresaba el cuestionamiento que hacían, en tanto la academia no había hecho (ni han hecho hasta ahora) una descolonización interna, al seguir actuando solamente con patrones y categorías eurocéntricas o primermundistas. Se auto convertían idealistamente en pluralistas, sin antes haber asimilado las epistemes, categorías y metodologías de la alteridad a sus formas de estudio. Y más que eso, no la habían vivido en su cuerpo, a diferencia de otros investigadores que lo habíamos hecho directamente y además replanteado su camino de estudio y de vida, cuestionando de esta manera a esta intelectualidad cartesiana y su pensamiento hegemonista.

Es decir, el asunto era ontológico y no simplemente el de hablar o de estudiar a lo indígena, sin entender que hay dos estructuras o paradigmas diferentes, desde el cual el investigador se acerca a su interpretación o comprensión. Por lo que, desde la misma lógica de dicha academia los "esencialistas" y "fundamentalistas" están a su interior, principalmente en los "extractivistas epistémicos". Actitud totalmente diferente a la de los intelectuales andinistas, los que sí han estudiado y encarnado lo occidental y lo andino, por lo que ellos si son pluralistas. Y esto, no discute la academia y solo se quedan en las ramas.

En todo caso, lo importante, es que estas posturas estaban relativamente cerca, pero totalmente lejanas de la "buena vida" de los socialistas del siglo XXI. Por lo que, ambas posiciones entendieron que lo urgente a ese momento era desenmascarar la tergiversación, manipulación y aprovechamiento del Buen Vivir, que estaba realizando la "mafia" del progresismo en su beneficio personal.

CUESTIONAMIENTOS AL BUEN VIVIR

Inmediatamente a su aprobación en las Constituciones Políticas de Ecuador y Bolivia, comenzaron a aparecer sus detractores y sus deformadores.

Dentro de los detractores, estaba presente todo el abanico del pensamiento occidental desde la derecha hasta la izquierda tradicional. La derecha se burlaba y menospreciaba el paradigma del buen vivir, y en la izquierda lo veían como "revisionista" y hasta "retro-revolucionario". Pero todos ellos coincidían en que se pretendía un "regreso al pasado", ya fuese a un pasado nefasto, primitivo y atrasado; o a un pasado idílico, novelesco y sin confrontaciones. Esa era su lectura extremista, y en la que ninguno de ellos podía reconocer y validar al conocimiento pre-colombino como algo profundo, y al mismo nivel que el pensamiento occidental. Simplemente lo consideraban como inferior, por lo que no tenía utilidad para este tiempo.

Y por otro lado, ninguno de ellos reconocía, como todavía existente al pensamiento indígena, simplemente consideraban que ya no existía o que era mínimo; por lo que ya no podía ser aprovechado como tal, sino tan solo como un remanente o residuo. Es decir, lo indígena era pasado y todo eso ya estaba muerto en última instancia, y los indígenas que todavía se reconocían como tales debían abrazar el "pensamiento avanzado" que les ofrecían las corrientes eurocéntricas de izquierda o de derecha para su liberación y desarrollo. Debían dejar de escudriñar en su pasado o en sus orígenes, porque eso ya estaba desaparecido; y si lo hacían eran "esencialistas" puesto que no se abrían a dialogar con otras posturas. Debían dejar de ser indígenas, con su propio pensamiento, para ser pluralistas. Sin entender que una cosa es abrirse al mundo desde sus propias matrices y otra es dejar que el pensamiento occidental dominante lo engulle y lo mestice tras absorberlo; que es lo que ha ocurrido en estos 500 años.

Ninguno de ellos había estudiado a la racionalidad andina que había sido sistematizada hasta ese momento; solo soltaban anodinamente argumentos pueriles, señalando que los pensamientos y conocimientos precolombinos eran elementales, básicos, rudimentarios. En definitiva, de que aquellas "creencias" no podían aportar en nada para este tiempo de "desarrollo" y "progreso". Los actuales pensadores indígenas y los intelectuales andinistas eran solo representantes de un pensamiento idílico, romántico, mesiánico, que ya no existía; y los que se reclamaban como continuadores o prolongadores de ese pensamiento eran simplemente intelectuales que se "inventaban" teorías paradisíacas o sublimes.

Seguramente los intelectuales indígenas como los andinistas cometieron (y cometimos) ciertas equivocaciones o exageraciones, pero ninguno de los detractores fue capaz de hacer su propia investigación; solo lo negaron o minimizaron, tal como ha sido la práctica colonial permanente durante estos siglos hegemonistas y homogenistas.

Estos detractores solo repetían el discurso colonial de que lo indígena no era un pensamiento propiamente dicho sino algo mágico, esotérico, animista, naturalista; cuando hoy existe una gran cantidad de literatura que demuestra totalmente lo contrario. Ésta, una clara manifestación de la "colonialidad del ser y del saber", pues para esta mentalidad colonizada solo el liberalismo o el marxismo son las fuentes de pensamiento científico; todo lo demás es cosmovisión o etno-pensamiento, e incluso "pachamamismo".

Y obviamente, lo que les sirvió de fundamento a los detractores del Buen Vivir fueron las prácticas ejecutadas por los gobiernos de Rafael Correa y Evo Morales. Estos censuradores no pudieron diferenciar el "sobreviviente buen vivir" de las comunidades indígenas, del "eslogan del buen vivir" en que terminó este paradigma en los "gobiernos del socialismo del siglo 21". Estos inquisidores, en su analfabetismo de la filosofía andina, simplemente metieron a todo en un solo costal y lo quemaron; como hicieron los primeros colonizadores con las edificaciones y todos los saberes, para que no queden huellas de ellos y hacer más fácil la dominación.

Lo cierto es, que ni el liberalismo, ni el marxismo, ni ningún pensamiento monoteísta, han sido una solución en ninguna parte del mundo, se sigue sin comprender que no se puede resolver un problema desde el mismo pensamiento que se lo creo. Lo que significa que las alterativas (no: alternativas) al caos y crisis socio-ambiental que padece el mundo tendrán que venir necesariamente de fuera del pensamiento monoléctico, causante y responsable de la actual situación. Por primera vez en la historia de la humanidad, su extinción está en peligro por obra del mismo hombre y no por causas naturales o exógenas.

EL CASO ECUATORIANO

Rafael Correa al inicio de su gobierno y hasta que no logró el control de todas las instituciones del Estado, guardó un cierto nivel de democracia a nivel de su partido y del país, pero una vez que "metió las manos " en absolutamente toda la institucionalidad del Estado ecuatoriano, comenzó a despachar o botar a aquellos que le quedaban como obstáculos para su ejercicio monárquico-republicano del poder; ya que en el camino, algunos ya se habían retirado voluntariamente previendo hacia donde avanzaba la tal "revolución ciudadana".

Una vez que concentró todo el poder bajo su batuta empezó el ataque a una serie de organizaciones tradicionales; las que pasaron del apoyo a su candidatura a la oposición a su desgobierno. Los que no se sometían a su voluntad narcisista simplemente debían ser borrados del mapa institucional; y de todos los grupos en resistencia, el que más sufrió su persecución fue el movimiento indígena, cuyos miembros no solo fueron atacados física y legalmente, sino que fueron acusados de "limitaditos", "desubicados", "mediocres", "incapaces", "infantiles" etc.; poniendo así en entredicho al pensamiento indígena que sustentaban.

Nada fue casual, ni muy diferente a lo sucedido durante los 500 años coloniales. La única diferencia con anteriores gobiernos, era que quién ahora lo ejecutaba se autocalificaba "de izquierda". Incluso, en algunos ámbitos, al mismo nivel de los pensadores ultraconservadores (por ejemplo: plan familia), y un poco menos a la represión que efectuó uno de sus máximos representantes: León Febres Cordero. La diferencia entre estos dos presidentes autoritarios, era que Correa decía que lo hacía por el "bien" de los indígenas y que además estaba haciendo algo, ya que los anteriores gobiernos no habían hecho nada; ignorando así la implantación durante el gobierno socialdemócrata de Rodrigo Borja de la Educación Intercultural Bilingüe; modelo educativo que Correa se encargó de eliminar.

Y esto se debió al desprecio que tenía Correa por los indígenas, a los que trataba caritativamente de "pobrecitos"; síntoma del típico paternalismo y prebendalismo de quienes se dicen defensores de los excluidos, pero que en el fondo los menosprecian y se avergüenzan de ellos, por lo que quieren "salvarles". Cuando tienen cierto poder, se convierten en sus capataces y quieren que sean obedecidos, ya que los oprimidos son "ignorantes". Y "salvarles", significa que comiencen a pensar y actuar dentro del "alto refinamiento" del pensamiento occidental, y que solo conserven sus vestimentas como elemento identitario ("desarrollo con identidad"). Y eso es a lo que aspiran todas las derechas y la casi totalidad de las izquierdas del mundo.

Rafael Correa, como alto representante del "pensamiento criollista", también creía que una de las causas principales del "subdesarrollo" del Ecuador era el "problema indígena". Para él, la pobreza no era un problema colonial de tipo cultural y epistémico, sino simplemente de clase. El clasismo típico de la izquierda marxista que solo ve ricos y pobres. Lo que implicaba, que había que "desarrollarlos" y "progresarlos" (antes se decía "civilizarlos" y "culturizarlos"), y esto quería decir, convertirlos en mano de obra calificada o proletarios para las empresas de la burguesía criolla y del Estado protector.

La diferencia de la izquierda con la derecha era formal, diferenciándose tan solo en las concepciones estatista y neoliberal de unos y otros, ya que los indígenas debían pasar a ser obreros y empleados bajo el Estado centralizado o bajo el Estado neoliberal; es decir, del mismo Estado homogenista. Los indígenas debían abandonar sus propias epistemes y formas de gobierno ancestral para asimilar las del colonizador; quien les ofrecía trabajo en sus empresas y les concedía la maravillosa oportunidad de salir de su pobreza sempiterna.

Lo indígena no era conocimiento, solo mano de obra barata para explotar al máximo los recursos naturales (extractivismo). Y a las izquierdas solo les interesaba que estén mejor pagados y con más beneficios sociales; sin que les importen sus ontologías, epistemologías, axiologías, hermenéuticas, metodologías, etc. Las mismas que ni siquiera sabían que existían o no las conocían, irónicamente hasta ahora no han "descubierto" Amerindia luego de 500 años.

En cambio, desde el "paradigma andinista del buen vivir" lo que importaba era recrear otro tipo de Estado, en el que haya otro sistema de gobierno, de elección y de participación. Un Estado asambleario, donde todos sean los autores y actores de su propio destino, sin ninguna forma de delegación o de participación pasiva, sino totalmente activa. Con una organización ejecutiva que monta desde abajo hacia arriba y en la que sus representantes son cooptados en base a sus méritos desde su nivel inferior. De esta manera, el "poder popular" siempre esté en la base y no en la cúspide, como creen tanto derechas e izquierdas con su democracia burguesa y su centralismo democrático, respectivamente.

El Plan Nacional de Desarrollo del Ecuador de los gobiernos de derecha anteriores, pasó en el gobierno de "izquierda" a denominarse Plan Nacional del Buen Vivir; con lo cual se pretendió darle otra categoría a lo que había hecho la "vieja derecha". Al final solo fue un cambio de nombre, pues se mantuvo la misma base estructural de los conceptos del desarrollo o del crecimiento ilimitado que guiaban (y guían) el pensamiento hegemonista de carácter monoteísta. Se pasó de un modelo de desarrollo a un otro, cuando en algunos círculos del mismo Occidente ya se habla de "alternativas al desarrollo" o de "post-desarrollo".

Es más, desde los herederos y guardianes del "paradigma andinista del buen vivir", este pensamiento es mucho más que un modelo de desarrollo o de realización, y su propuesta es la de rebasar a toda la civilización capitalista, antropocéntrica y patriarcalista en su conjunto. La izquierda aspira como máximo a rebasar el capitalismo, cuando desde el "buen vivir comunario" se trata de superar toda la cadena civilizatoria constituida y en la que el capitalismo es solo una parte. Si no se altera toda la trama en su conjunto y se llega hasta sus raíces fundadoras y creadoras, el capitalismo pervivirá de otra manera, tal como sucede con el capitalismo de Estado, y su ejemplo más claro es China.

La izquierda "correísta" (que en el fondo era la "nueva derecha" o la parte izquierda de la derecha) redujo al "buen vivir" a un simple modelo; uno más entre otros medios que le conducirían al "socialismo del buen vivir", "biosocialismo republicano" o "socialismo comunitario", como ensayaron algunos de sus intelectuales. Valga precisar, que en esto no hay ninguna diferencia en casi toda la izquierda, ya que todos ellos miran a lo indígena solo como una "masa" que deberá apoyar la lucha marxista para la construcción de un socialismo. Ninguno de ellos se ha planteado construir un "mundo del buen vivir", sino un "mundo socialista o comunista", y el buen vivir es tan solo un medio para un tipo de socialismo. Lo que quiere decir, que los indígenas son solo instrumentos para sus fines partidistas; sin que importe su cultura, su espiritualidad, sus ciencias, sus tecnologías.

No han tenido la sensibilidad y la empatía de otros intelectuales que han revalorizado y empujado los saberes andinos a otros niveles. Así, el caso de "Los pueblos andinos que desde hace tres décadas han invadido las universidades regionales del Ande en un gran esfuerzo de 'reconquistar el espacio cultural', perdido en el proceso de colonización, han demostrado mediante estudios e investigaciones como de PRATEC en Perú, que efectivamente existe una tecnología andina, una tecnología sui géneris, una tecnología basada en el discurso del pensamiento seminal, como dijera Rodolfo Kusch, una tecnología bi-dimensional empírico simbólica, una tecnología que apoyada en sus rituales de producción fue capaz de hacer producir el Ande más y mejor que la tecnología racional-científica, alógena. Este auto-descubrimiento de los investigadores indígenas andinos sólo fue posible por la crítica radical al método académico con que antropólogos clásicos desesperadamente trataban comprobar la exclusiva cientificidad de sus monografías.”

Los indios que fueron convertidos al cristianismo y a todo el hegemonismo homogenista por la derecha, también debían ser “marxianizados” para el proyecto de la izquierda. Lo indígena no representa una epísteme y solo son útiles para construir el Estado marxista, tal como han sido para el Estado Capitalista los trabajadores que han enriquecido a hacendados y empresarios. Ese es su único destino. Todo esto se llama racismo; que no es solo el rechazo a una presencia física sino, principalmente, el rechazo a su racionalidad.

La “izquierda del socialismo del siglo 21” fue (y es) una izquierda colonial homogenista, que se cree la única o la mejor expresión del pensamiento revolucionario, y que no acepta nada que provenga de fuera de su atrio tradicional; y si acepta algo, éste deberá ser digerido o asimilado a su cuerpo izquierdista. Una izquierda acomplejada, que sigue mirando a la izquierda del primer mundo como la guía o el modelo para entrar en el progreso capitalista. Una izquierda PhD, que no puede argumentar nada verdaderamente en contra de la racionalidad andina, pues la desconoce, y si algo sabe de ella es solo folclóricamente. Una izquierda miope, que cree que el problema principal de los Andes es económico y que el propósito final de todos los pueblos es ser parte del primer mundo.

Han tenido que venir investigadores de Occidente para estudiar el pensamiento andino o indígena, pues los propios intelectuales nacidos en los Andes no han sido capaces de mirar al indio que llevan adentro, solo perciben al blanco acomplejado, el que solo aparece en su mente, pues sus rasgos físicos los delatan. Irónicamente, la mayoría de la literatura que existe sobre temas andinos o indígenas ha sido escrita por gente de fuera de los Andes; lo que demuestra la superficialidad y el grado de acomplejamiento y de colonialismo de sus intelectuales y estudiosos.

Es más, en el mundo "desarrollado" hay quienes critican a sus izquierdas y hablan de "decrecimiento", "bienes comunes", "biocentrismo", "ecología profunda", "ecoaldeas", "permacultura", etc. Conceptos que están muy cerca del "buen vivir" y los que, justamente toman como referente y ejemplo a los pueblos indígenas y comunitarios de todo el mundo, pero las izquierdas tercermundistas las desconocen o las critican.

El "buen vivir" y toda la Filosofía y Ciencia Andina que han despertado mucha curiosidad y atención en algunos sectores del primer mundo, es desconocida por la intelectualidad de donde ella es originaria, pudiéndose contar con los dedos de la mano a quienes la conocen. Existen muy pocos intelectuales andinistas que son nacidos en los Andes; los pocos que se interesan a ella han entregado su vida a su estudio, pero sus trabajos son leídos principalmente fuera, pues casa adentro son desconocidos o sus temáticas subvaloradas. Hoy hay más gente de origen europeo y norteamericano que han estudiado el paradigma andino que los propios hijos de los Andes. Incluso, hay dirigentes indígenas que no la conocen bien, y solo recitan ciertos refranes para ganar votos dentro de la población indígena.

En resumen, el "buen vivir" que surgió como una gran expectativa y que movilizó especialmente a algunos intelectuales de fuera de los Andes a interesarse por este "nuevo/antiguo paradigma", fue perdiendo espacio y motivación al interior de sus países. Afortunadamente, afuera de estos países hay quienes lo ven como un referente a profundizar y lo ven con esperanza.

EXPECTATIVAS Y ESPERANZAS TRANS-CIVILIZATORIAS

La incorporación del sumak kawsay/suma qamaña (buen-vivir/ vivir-bien) y de los derechos de la naturaleza/de la madre tierra en las constituciones de Ecuador y Bolivia, respectivamente, cuyo sustento u origen proviene de la milenaria matriz andina, han abierto el panorama semiótico social y político para leer de otra manera la "realidad", permitiendo visualizar más claramente que la crisis ambiental y el caos social global tienen como su origen o causa en el pensamiento antropocéntrico y en su sistema de vida, al cual le llamó "la civilización".

Dicho de otra manera, la *civitas* es un concepto engendrado y desarrollado por el homogenismo y que dio paso a la construcción de un paradigma anti-vitalista o anti-natural y al cual le llamaron civilización. Cuando Platón declaró la "inferioridad de la naturaleza", se dieron los primeros pasos para la creación de un sistema social que responda a esas nuevas categorías y valores. La "forma ciudad" es la que se encargará de aquello, dejando a lo rural o campesino como signo de atraso o de plebeyo pues solo lo urbano era noble y superior. El ciudadano como nuevo ente social, creará la civilización como la forma y manifestación de un sistema-mundo separado o divorciado de la natura, para convertirla en objeto y mercancía, cuya cosificación máxima la alcanzará en este tiempo.

Por lo tanto, desconocemos o descolonizamos aquella visión lineal progresiva que habla de que la civilización sea el estadio superior y mejor que ha alcanzado la humanidad. El antropocentrismo citadino o concepción de inferiorización de la natura, es el punto de inflexión o el giro antinatural que terminó en occidente con el sentido vitalista y de su sistema de vida en la "forma aldea", el mismo que ha alcanzado en nuestros días el clímax y cuyo resultado es el cambio climático y el caos total.

En este sentido, la introducción de los paradigmas andinos en el imaginario social y epistemológico de buena parte de la política y de la academia mundial, han abierto muchas inquietudes y preguntas ante la dicotomía capitalista/socialista puestas como las únicas posibilidades que ofrecía la civilización para todo el mundo, rompiéndose el hegemonismo y la homogeneización del pensamiento colonialista mundial, que hacía jugar a todos solo en la lógica derecha e izquierda.

Esto significa una crítica profunda a la ontología patriarcal civilizatoria, que con la dialéctica hegeliana y marxista se asumían como universales y únicas, es decir, aplicables a todas las culturas y a todos los procesos históricos en la Tierra. Lo que también representa un cuestionamiento a otras dialécticas surgidas luego de la ruptura con la naturaleza, cuando se habla de primer mundo/tercer mundo, desarrollados/subdesarrollados, avanzados/atrasados, etc.

La racionalidad[51] andina cuestiona a la dialéctica[52] y/o al dualismo que promueve la anulación y eliminación de la complementariedad, en su intento de imponer una sola verdad, la verdad de la mente patriarcal, logocrática, monocultural, objetivista, fetichista, reductivista. Con lo cual, se pone en entredicho a toda la razón absoluta o instrumental del monoteísmo filosófico, la que se ha apoderado y se ha autotitulado la tamizadora de lo que es o no: ciencia, filosofía, epistemología, cultura, sociedad, lengua, etc.

---

51 Entendemos racionalidad a la interrelación entre razón y sensibilidad, y la contraponemos a razón absoluta o instrumental.

52 Entendemos por dialéctico en su sentido lato y en su esencia primigenia que habla de lo uno o lo otro. Y además porque habla solo de dos entes, cuando pueden haber cuatro, seis, o más contradicciones. Así en el caso andino se habla y se toma como punto dimensional a lo tetrapartito o tetraconciencial.

El paradigma de la razón logocrática o racionalista se fue desarrollando desde los socráticos y se consolidó en todo el proceso de formación de la civilización, en contraste y en combate a las formas de la pre-civilización o aldeistas, y a las que las definieron y calificaron como barbarismo y salvajismo. Etapas que para nosotros son la de la *natura* y luego la *cultura*, las mismas que se desenvolvían o funcionaban en el principio de "complementariedad entre opuestos", para luego instaurar la civilización o el urbanismo en base a su *arjé* o principio de lucha de contrarios o de anulación del otro o de lo diferente. Algo muy vigente y claro en nuestros días, en que hemos llegado al clímax y decadencia de la civilización.

El punto de ruptura y de partida para la construcción de la civilización fue la revolución patriarcal homogeneizadora, que generó el esclavismo, y posteriormente el feudalismo y el capitalismo. La modernidad es la cúspide máxima del patriarcalismo y de su sistema la civilización, pero que al mismo tiempo representa el inicio de su ocaso en la forma de globalización que ha alcanzado, a partir de la aparición de la posmodernidad y de la propuesta en occidente de una trans-modernidad (Hidalgo y Cubillo, 2016).

La modernidad es la etapa en la que la civilización se expande por el mundo y genera la globalización en su intento de homogenizar a toda la humanidad. La civilización esclavista-feudal con la llegada a Amerindia y el aprovechamiento de todas sus riquezas conducirá a la formación de la civilización capitalista. Por lo que cabe, mejor hablar de civilización patriarcapitalista para sintetizar todo el proceso, desde el patriarcalismo hasta su mutación en el actual capitalismo. Hablar solo de capitalismo es no comprender todo lo que encarna o arrastra el capitalismo, y cometer los errores de la izquierda de básicamente enfocarse en la economía como el elemento central de todo. La economía es una parte entre otras, y si la acción no es integral o transversal a todo el conjunto, lo único que se genera es un "capitalismo de estado", que es lo máximo que han construido los socialistas y comunistas.

La modernidad es el estadio mayor y último que alcanzado el hombre civilizado al lograr "liberarse" definitivamente del salvajismo y de la barbarie, es decir, de la natura y de la cultura, lo que significa su partida de defunción a través de una vida escatológica, anoréxica y miope. Su misión "sacrificada" de civilizar a toda la Tierra hasta que no queden rastros de salvajismo en el hombre y en el medio ambiente, es la cosificación y banalización de la vida, que es a donde hemos llegado en nuestros días en su máxima expresión. Por ello, nos parece también inválido hablar de crisis ambiental cuando es la crisis de la civilización y mas que crisis es el caos, pues la crisis puede ser pasajera pero el caos es permanente, hasta que surja algo que supere a la civilización. La situación ambiental no es de ahora, es un proceso cuyo desenlace fatal es el cambio climático, por lo que el caos social es sistémico o endógeno a la civilización.

Dicho de otra forma, el "noble" holocausto de los civilizadores por "liberar" el mundo de los salvajes y barbaros de antaño, como a los pueblos subdesarrollados y tercermundistas de hogaño, ha terminado provocando o produciendo el caos global, que a estas alturas es incuestionable y algo incontrastable en toda la historia humana pues nunca antes se había dado algo así. Por ende, la civilización son los creadores y responsables de la actual situación, por lo que no cabe decir que es el hombre el ser más depredador que hay entre todos los seres -como se dicen en ciertos círculos-, sino que hay que especificar que es el "hombre civilizado" el que ha destruido lo que a la Tierra y al Cosmos le tomó millones de años en formarla.

Al comprenderlo así, se establece claramente cuál es el pensamiento que ha creado todo esto y consecuentemente por donde están las salidas a la misma. La civilización seguirá su camino de contaminación total, y solo una trans-civilización despejará el camino.

No será la tecnología ni la economía la que resolverá el caos ambiental como sostienen los civilizados, sino que será otra concepción y relación con la natura la que acabará con el saqueo de la civilización depredadora. Desde otro trato con la natura se construirá otro mundo, y no con otro modelo social. La sociedad no construye a la natura, es la natura la que permite que la sociedad exista, y si el hombre civilizado quiere seguir imponiendo su antropocentrismo, la natura lo eliminará más temprano que tarde.

Ante esta realidad apremiante, en el mismo primer mundo se comienza a hablar de crisis de civilización, de lucha de civilizaciones, etc., y se reclaman cambios antes de que sea demasiado tarde. Sin que falten aquellas voces que acusan de posiciones catastrofistas y apocalípticas a las teorías de la crisis ambiental y global, pero ante la aceptación de la ONU[53] y de distintos gobiernos ya no pueden negarla, aunque siguen confiando en que "la tecnología y la economía verde" van a lograr revertir todo. Es decir, siguen sin entender a sus científicos e intelectuales, como Einstein quien les decía que no se pueden resolver los problemas desde las mismas lógicas con que fueron creadas. Continúan dándose con la misma piedra y no terminan de aprender, y quizás lo hagan cuando ya sea demasiado tarde.

Frente a todas estas circunstancias es que han salido a la palestra formal una serie de paradigmas provenientes desde la otredad o la alteridad, para cuestionar a los mitos fundantes del paradigma civilizatorio, pero ante todo para dar respuestas al caos global. De entre los varios, el que ha tomado actualmente mayor protagonismo es el sumak kawsay/suma qamaña. Su legalización en Ecuador y Bolivia marca el inicio de una ruptura con toda la estructura colonial y burguesa que rige desde hace casi 500 años en los Andes, aun cuando falta mucho por recorrer y por desmontar.

---

53 El "cambio climático avanza más de lo previsto", ha denunciado la ONU el 23 de mayo del 2016

Sin embargo, también se corre el riesgo de su desaparición en forma directa (epistemicidio) o por asimilación a la civilización (forma *wash*). La reacción ante el sumak kawsay o buen-vivir por la civilización de derecha e izquierda, es una crítica colonial por el liberal-conservadorismo y una distorsión dogmática por el liberal-marxismo. Ambas destructoras, desmovilizadoras y despolitizadoras de la forma de vida y de la acción política que promueven los paradigmas alternativos y alterativos de los Andes. Sin dejar de reconocer que hay una izquierda abierta, con quienes se podria realizar alianzas estratégicas de inclusión complementaria.

Pero, todavía hay un colonialismo epistémico en el movimiento indígena, pues la mayoría se anota o se inscribe como de izquierda, y el resto como de centro-izquierda y hasta de derecha. No hay un afán descolonizador para reubicar nuevas categorías de análisis para observar desde otras contradicciones. De allí, la necesidad de marcar distancia con la izquierda civilizatoria, lo que no significa ser anti-izquierda sino de ubicarse como complementaria. De funcionar en la unión en la diversidad pero de forma complementaria, en el propósito de ser el espejo el uno del otro y para aprender a establecer relaciones de armonía y equilibrio entre posiciones inclusivas divergentes. Para pasar a experimentar formas como la mediación, el consenso, la conciliación, la reciprocidad, la correspondencia, como nuevas formas de acción política, pero ante todo de nuevas formas de vida o de convivencia entre los distintos grupos y las diversas posturas de concepción de la "realidad".

En esto también se expresa la descolonización, pues se trata de trascender todo el paradigma civilizatorio y no solo en buscar su reformulación o su reacomodo, como hace la izquierda y la derecha, por lo que a estas alturas no haya diferencia sustancial entre ellos. Lo que quiere decir que la contradicción entre izquierda y derecha es solo al interior de la civilización, pero de la civilización y la transcivilización hay otros antagonismos. Por lo que el asunto no es dialéctico, mas bien tetraléctico pues hay varias contradicciones en diferentes planos y dimensiones. Por ejemplo, ahora ya no solo hay la contradicción entre el imperialismo y las periferias sino entre las corporaciones y los estados-nación, por lo que más que criticar al imperialismo hay que cuestionar al corporativismo que no tiene patria, bandera, idioma, territorio, etc.

Los proyectos de cambio, en y desde la derecha y la izquierda, han fracasado por cuanto no han salido de la racionalidad ontológica o de los mitos fundantes de la civilización, que son los que han dado origen y sustento a todo su paradigma En general, todo cuanto ha salido de la civilización no ha logrado hacer una ruptura ontológica con el monoteísmo filosófico u homogenismo, pues no han ido a la raíz sino que se han quedado en cortar las ramas y en algunos casos el tronco, pero que luego las raíces han dado nuevos elementos pero de otra forma (revolución industrial, revolución socialista, revolución sexual, revolución verde, revolución cibernética, etc.).

La descolonización o descivilización es también un proyecto para occidente y el primer mundo, pues son las élites las hegemonistas y homogenistas las que concentran y acumulan toda la riqueza mundial. En última instancia, todo el mundo trabaja para un pequeño grupo que apenas llega al 1% de la población mundial. Sean ricos, medianos, pobres, todos hacen o conforman el túnel que conduce la mayoría de la riqueza hasta un sector oligopólico que funciona como la cabeza de todo, soltando algo de su riqueza a cada uno de los miembros de la pirámide para que hagan posible y sostengan el sistema. Los ricos creen que son independientes, pero todos son dependientes y aplanan la alfombra de una u otra forma para ese sector de superricos en la cima de la pirámide.

Esta la diferencia fundamental con las propuestas proveniente desde de la alteridad, en particular con los paradigmas andinos, que parten de otra racionalidad o de un senti-pensar totalmente diferente a la civilización, especialmente con su etapa última denominada la modernidad que integra o confluye todo el proyecto antropocéntrico en su máximo nivel. Algunos creen que la modernidad es una forma aparte o un sistema en sí mismo, sin darse cuenta que es la maduración a la que ha llegado el hegemonismo de la civilización hasta revertirse en la actual forma como se presenta en nuestros días, pero que tiene la misma esencia o raíz germinadora. De ahí que solo se habla de visiones pos-modernas y hasta trans-modernas, sin entenderse que la modernidad es la última etapa de la civilización, y por ende, no es suficiente una trans-modernidad sino una trans-civilización. Cualquier propuesta que no salga del mismo esquema ontológico constitutivo no representa una ruptura, por ende, no es una salida al caos global ni la posibilidad de construir un nuevo orden social mundial.

Todos los que han querido "liberar" a los sufrientes con los mismos paradigmas epistémicos del pensamiento monoteísta, lo que han hecho en última instancia es volver a colonizar o civilizar desde otro lado, así esa no haya sido su intención y hasta se digan decoloniales o marxistas o revolucionarios. Mientras no se descivilicen, es decir, no se limpien del antropocentrismo de derecha o de izquierda seguirán imponiendo conceptos y modelos monoculturales, pues se siguen manejando con las mismas categorías y variables creadas por la civilización. Lo que significa que siguen menospreciando o minimizando a otras racionalidades, ya que las siguen considerando no-científicas o no-académicas o no-desarrolladas. Creer que solo el primer mundo tiene las herramientas de derecha o de izquierda, es un acto de dependencia o de colonialismo o de anatopismo.

Los políticos o intelectuales que solo leen y citan a los del "norte global" o que se han formado en sus universidades, continúan asimilando y reproduciendo el mismo esquema de la civilización.

Si no son capaces de estudiar y de asimilar otras ontologías, episte-mologías, hermenéuticas y axiologías de la alteridad, su supuesta lucha por los pobres es una nueva forma de dominación neocolonial. Quien dice luchar por los indígenas y no maneja sus conocimientos y saberes, es un colonizador que llega con su razón para en última instancia imponérselos. Hay que digerir otros paradigmas para hablar por los otros, incluso para criticarlo. Toda mirada desde afuera es una mirada hegemonista, egocéntrica y superiorista.

Pero no solo hay que plantear una descolonización teórica y práctica a nivel grupal o social sino fundamentalmente una des-civilización personal. No se puede acompañar a otras personas y peor dirigirlos si no se ha hecho un trabajo personal y familiar. La teoría sin práctica individual, solo generan nuevas formas de hegemonismo, autoritarismo y hasta de fascismo. Hay que vivir ya el "nuevo mundo" si se quiere construir y dirigir el "nuevo mundo". Hay que tener la experiencia y la vivencia en el cuerpo y el corazón, para no improvisar o comenzar a hacer ensayos, los que mayormente fracasan por desconocimiento o porque el sistema estatuido termina asimilándolos. A esto, lo llamamos absorcionismo.

En definitiva, las grandes transformaciones no pueden hacerse por la vía de una modernidad reflexiva o de una civilización desarrollada, porque el problema es su limitada capacidad ontológica para comprender otras realidades y culturas, y su incapacidad para poder convivir complementariamente con la naturaleza. Mientras sigan mirando solo adentro del primer mundo o solo hacia el occidentocentrismo no podrán mirar mas allá de sus narices, perdiéndose de otros elementos que ofrece la vida. Si solo siguen mirando como la serpiente su pequeño hueco y no pueden volar alto para ver como el águila, morirán sin que puedan disfrutar los otros detalles de la vida, creyendo que lo que saben es lo único y mejor cuando hay mucho más en el horizonte. Esa su miopía que les está volviendo ciegos, donde poco a poco van pereciendo. Como dicen sus maestros, no hay peor ciego que el que no quiere ver. Obviamente, es difícil que quienes se auto consideran racialmente superiores puedan aceptar que sus teorías y dogmas han fracasado.

En este sentido, la insurgencia del buenvivir comunario también ha venido a demostrar que sí hay posibilidades frente el discurso hegemónico de derecha e izquierda que repetía cansinamente que no existían más medios de elección para el mundo de lo que la civilización ofrecía. O en palabras de Enrique Leff, "la difusión del imaginario del 'vivir bien' no solo pretende mostrar al mundo que otros modos de vida son posibles... el imaginario del buen vivir propone otra comprensión del mundo".

Por consiguiente, el imaginario andino (y otros imaginarios sustentables) han revelado el caos de las ciencias sociales que con sus categorías y variables de positividad habían creído que entendían la "realidad" desde su objeto de conocimiento. Pensando que eran los únicos que sabían cómo interpretar el decurso de las sociedades y de cómo se podía cambiar o crear una otra. En definitiva, que se creían lo más avanzado del pensamiento humano y de que todos debían guiarse por sus metodologías y axiologías si querían saber lo que es la verdad, el progreso y el futuro.

Afortunadamente, a la civilización y a los civilizados, los vientos de cambio los van envolviendo y algunos se van abriendo poco a poco para dejarse tocar por los olores de la tierra. De ahí que es meritorio -aunque insuficiente- cuando hablan de crisis de civilización, postdesarrollo, postmodernidad y hasta de trans-modernidad, pero ojalá pronto lleguen a percibir que lo que se necesita es una trans-civilización para pasar a un otro estadio o puedan dar otro giro copernicano, para que como mundo o todos en conjunto terminemos de escribir el libro de la civilización inquisitorial y podamos reescribir una nueva historia.

Caso contrario, sería un desarrollo o profundización de lo mismo, como han sido las distintas etapas experimentadas que parecían una superación, pero que en el fondo era una continuación desde el mismo patrón creador o gestor. El colonialismo inmanente a la civilizacion, se ha seguido reproduciendo en todas las creaciones que se sucedían pues respondían a las mismas urdimbres que le daban configuración. La globalización es la caracterización de ese proceso y cuyo resultado es la domesticación y fetichización de la vida al servicio de una élite baconiana autómata y atomizadora.

LO COMUNARIO,
COMO LA ALTERATIVA PARA OTRO MUNDO

La puesta en práctica o en ejecución por parte de los gobiernos autodenominados progresistas o socialistas del siglo 21 de su propuesta del buen vivir / vivir bien, ha permitido también dejar en claro que el colonialismo sigue más vigente que nunca, que jamás hubo independencia de las epistemologías y axiologías civilizatorias, sino que más bien hubo una profundización y consolidación de la razón antropocéntrica que traía inmersa o estaba inmanente. Toda la estructura socio-política de las repúblicas nacientes se constituyeron en la misma lógica de las repúblicas europeas propuestas por Voltaire, Diderot y otros, la misma que no ha sufrido afectación por la autodenominada "nueva izquierda" y mas bien ha sido apuntalada y fortificada, lo que refleja que el hegemonismo antropocentrista ha calado también muy bien en ellos. En todo caso, ello ha permitido observar claramente que hay una evidente distancia o diferencia entre dos tipos de racionalidades y no solo entre dos ideologías o cosmovisiones, como lo quiere ver el pensamiento marxista.

No existe nada de lo indígena u originario dentro del Estado oficial, nada, absolutamente nada. De ahí que es un eufemismo hablar de mestizaje o hibridación o cualquier otro nombre. Solo recién con la incorporación de la salud indígena o de la educación intercultural ha habido un pequeño cambio, pero eso no quiere decir que se haya generado otro Estado sino que es el mismo pero que ha incorporado ciertos elementos indígenas y cuyo propósito es absorberlos o asimilarlos a través de un *indigenismowash*.

Y eso es lo que se pretende ahora con el sumak kawsay, para ello se ha procedido a un "extractivismo epistémico" a partir de tomar ciertos principios y conceptos generales para luego impostarlos en un *buen-vivir-wash*. Es decir, se han apropiado de ciertos paradigmas de los pueblos andinos procediendo a civilizarlos o domesticarlos a través de asimilarlos al sistema dominante como otro ingrediente folclórico o indigenista, y con ello quitándole su espíritu subversivo[54].

El extractivismo epistémico ha sido naturalizado por la civilización antropocéntrica, cuando toma los conocimientos del "sur global" y los presenta como originales suyos, pero que no los respeta en su esencia y especificidad sino que procede reconfigurarlos dentro de su lógica, lo que conlleva la anulación y deformación de su matriz. Se procede a realizar un *epistemewash* o un lavado de la episteme originaria, para luego empaquetarla de otra manera y ofertarla como otra línea de consumo y de enriquecimiento.

Como dice Grosfoguel[55]: "Este principio de asimilación es epistemicida porque termina destruyendo los saberes y las prácticas ancestrales. (...) Si el «ecologicidio» destruye la vida, el «epistemicidio» y «existencialicidio» consiste en destruir los conocimientos y

---

54 El «extractivismo» y el asimilacionismo van juntos. En la visión del mundo «extractivista» todo se transforma en recurso extraíble para vender como mercancía por una ganancia en el mercado mundial. http://www.revistatabularasa.org/numero-24/06grosfoguel.pdf

55 http://www.revistatabularasa.org/numero-24/06grosfoguel.pdf

formas de vida asociadas a los artefactos, saberes y «objetos» extraídos para asimilarlos a la cultura y formas de ser y existencia capitalistas occidentales."

Por ejemplo, el boom del chamanismo. Ciertos antropólogos procedieron a visibilizar a personajes con cualidades y condiciones particulares, y a los cuales les dieron el nombre de chamanes. Esto despertó la atracción de muchos en occidente, quienes salieron en busca de los chamanes para tratar de conocer lo que hacían y explicar cómo funcionaba todo aquello. Pero como no podían entender o no podían explicar toda la estructura chamánica a partir de su cultura original, procedieron a hacer adaptaciones o adecuaciones desde su marco teórico epistemológico. Es más, algunos se auto declararon chamanes a partir de ciertas experiencias con plantas de poder, creyendo que era suficiente cuando hay todo un contexto cultural de por medio. Los "neo-chamanes" no procedieron a realizar una decodificación de su estructura de formación civilizatoria, sino que simplemente hicieron acomodos y reajustes para intentar darle una comprensión a la mentalidad occidental, pero el resultado fue una deformación. Se convirtió en un negocio y en un a tractivo turístico, que duro cierto tiempo hasta dejó de ser útil para el mundo civilizado. Tuvo un auge que la sociedad de consumo lo elevó y cuando pasó la ilusión, volvió a desaparecer como otra moda más de occidente.

Ahora el chamanismo ya es solo un recuerdo o anécdota de una época sui gueneris y los chamanes volvieron a ser olvidados y los libros guardados en los estantes. No se entendió su importancia y por la superficialidad impuesta se terminó resquebrajándolo, ya que la mayoría que aparecieron resultaron ser charlatanes pues ante la comercialización que se hizo del chamanismo aparecieron de la noche a la mañana muchos como chamanes, que tuvieron su clímax pero que al poco tiempo pasó al olvido. Siendo ese el peligro de que la civilización terminé tragando a todos y desaparezcan todas las cülturas con su relación armónica con la naturaleza, que es su espíritu o sentido de vida. Solo cuando una cultura pierde su *ajayu* (espíritu) es que ésta se aniquila y desaparece, "es el Ajayu el espíritu mismo en pluriversidad" (Vargas, 2016).

Y esto es lo mismo que puede pasar con el sumak kawsay, como ha pasado con tantos otros elementos de las "culturas primeras". La civilización –como el Rey Midas- todo lo que toca lo transforma en oro que enriquece a unos cuántos y empobrece a las mayorías. De ello, muchos pensadores todavía no se dan cuenta del "extractivismo epistémico o cognitivo" que diariamente ejecuta la civilización, y no se percatan de que el "buen vivir" del progresismo o del socialismo del siglo 21 es la forma como se pretende subsumir al sumak kawsay para que deje de ser una propuesta alterativa radical. Aparentemente hay una comprensión del sumak kawsay pero lo que hay en esencia es una regurgitación de lo andino milenario en un buen vivir civilizatorio, lo que significa su anulación y su fin.

Este buen vivir civilizatorio surge como una necesidad de reconstruir sus utopías frente al fracaso de las izquierdas ortodoxas. Lo cual demuestra la crisis del pensamiento monoteísta y la búsqueda de referentes de otros paradigmas para tratar de refrescarse y renovarse. Pero en la práctica es un aprovechamiento de lo otro, pues no hay la seriedad para introducirse en esa cultura y en su forma de vida, sino el de simplemente incorporar ciertas recetas en su canasto de compras con el propósito de acumular más dinero y poder de decisión.

De ahí, que es importante no confundir el sumak kawsay con el buen vivir civilizatorio, y en último caso, hablar de que existen varios tipos de buen vivir y ponerles apellidos a cada uno, buen vivir comunario, buen vivir socialista, buen vivir antropocentrista, etc. Así se buscarán las diferencias y se podrá observar las deficiencias y la necesidad de realizar ajustes a dichos planteamientos.

Además, esto sería importante para crear diversidad y variedad, con lo cual se evitaría caer en dogmatismos o esencialismos, y por otro lado, no caer en exclusiones para hablar en términos de auténticos y falsos. Es un camino en construcción, en la que hay que observar las distancias y rupturas para no crear un híbrido que tenga cierta vigencia y luego pase como otro fracaso más, que es lo que suele hacer el hegemonismo civilizatorio.

En este sentido, el buenvivir comunario parte de otro tipo de concepción y de relación con la naturaleza, al considerar que todo cuanto hay en la existencia está vivo, que todo es un gran organismo pensante y sintiente. Y principalmente, de que todo está constituido y atravesado por espíritus (*ajayu*) que viven en ciertos lugares energéticos o de poder (*wakas*) y cuyo contacto con ellos se lo hace mediante rituales con el propósito de que ayuden a equilibrar los ecosistemas y con ello evitar padecer heladas o sequías, para tener buenas cosechas.

Esta relación animista es negada y despreciada por la razón de la civilización, la que tiene una dimensión mercantilista de la naturaleza. "Lo que era un principio sagrado de respeto a todas las formas de vida, se convierte en un principio secularizado de destrucción de la vida." (Grosfoguel). Todavía no se comprende que hay realidades diferentes, a según el ser cultural que la aprehende o a como la concibe desde sus propias cosmovisiones. La realidad no es una sola sino que depende del observador, el cual lo hace desde sus propios imaginarios culturales. Algo de esto ya lo explica la quántica, pero no se termina de asimilarlo en el propio primer mundo. Por lo que cualquier análisis, propuesta y acción debe nacer desde la cultura viva milenaria, y no desde lo conceptual o lo ideal o lo utópico. El sumak kawsay / buenvivir comunario es la expresión viva en el tiempo y en el espacio, el buen vivir posmoderno y/o transmoderno es una teoría en construcción, y como toda teoría puede fracasar.

En cambio, el buenvivir comunario es una experiencia concreta y latente, que resiste y se reinventa a medida que la civilización quiere eliminarla o folclorizarla o vaciarla, ya sea desde un "epistemicidio" por parte de la derecha o de un "extractivismo epistémico" por la izquierda para dejarnos un *buen-vivir-wash*.

De la misma manera en que no se pueden mezclar las percepciones simbólicas de lo real que tiene cada pueblo, no se pueden mestizar las culturas ya que eso es una promiscuidad epistémica. El caso más patético es el de Bolivia, hasta el censo del 2001 habían 64% de la población que se auto consideraban indígenas-originarios, y después del primer gobierno "indígena" en el censo del 2012 bajaron en un 14% y a su vez aumentaron los mestizos. Esto se explica -entre otras cosas- porque Bolivia tuvo el primer presidente indígena pero de concepción liberal-marxista, otra cosa sería si hubiera sido el primer presidente indígena andinista, aunque suene a una tautología. Ante la folclorización y el consumismo promovido por Evo Morales, muchos ya no se consideran indígenas sino mestizos, especialmente los urbanos y dentro de ellos los ricos que ya no se ven iguales a los indígenas campesinos y pobres, por lo que buscan distanciarse y diferenciarse. Lo que implica negar lo indígena como episteme, pues a pesar de tener un presidente de extracción indígena éste no fue capaz de enarbolar el orgullo indígena a través de una descolonización sino que simplemente se preocupó de modernizar el estadocentrismo, y con ello ampliar y profundizar las distancias entre los indígenas ricos y los pobres.

En este sentido, esas mixturas o híbridos entre paradigmas excluyentes nos parecen una aberración, como aquel del "socialismo comunitario" que promueve García Linera (Bolivia) o el biosocialismo republicano de Ramírez (Ecuador), nos parece el "washismo" en su máxima expresión. De esta manera, "al subsumir estos conocimientos de los pueblos al conocimiento occidental se les quita la radicalidad política y la cosmogonía crítica «alternativa», para mercadearlos mejor o simplemente extraerlos de una matriz epistémica más radical para despolitizarlos." (Grosfoguel).

De la misma manera, que "los elementos opuestos no se pueden separar, tampoco se confunden o se mezclan" (Vargas 2016). Y cuando se lo pretende, lo que se está produciendo es un ontologicidio que lleva a un biocidio y/o ecocidio porque la vida no funciona así. Todo lo cual ha llevado a que algunos se burlen o se mofen[56] del buenvivir comunario, procediendo a rechazarlos como pensamientos pachamamistas, esotéricos, informales, desfasados y hasta contrarrevolucionarios.

El "progresismo" de Evo (Bolivia) y de Correa (Ecuador) en el gobierno central, han demostrado su incapacidad e imposibilidad para ejecutar la matriz cultural andina, por lo que se han visto obligados a zurcir sus viejos principios marxistas y maquillarlos de indigenismo para seguir presentándose como redentoristas de los indios y tengan el apoyo de cierto sector interesado, la nueva burguesía india en el caso de Bolivia y una burguesía de izquierda en el Ecuador.

Tanto es así, que a estas "alturas del partido" ya casi no hablan del buen vivir/vivir bien, y lentamente va pasando al olvido. Lo que es evidente, es que su meta ya no es la construcción del vivir bien/buen vivir, peor el sumak kawsay/suma qamaña, sino la supuesta construcción de las bases o estructuras, y que es la ampliación y consolidación del capitalismo, como los medios para el socialismo. El buen vivir / vivir bien han quedado tan solo como regímenes de desarrollo y/o medios de transición para modernizar el capitalismo y luego dizque construir el socialismo. En esto, no se diferencian con la otra izquierda opositora ya que para ambos su objetivo es el

---

56 El indianista boliviano Pedro Portugal Mollineo dice que el suma qamaña es una "majadería", y el izquierdista ecuatoriano Gustavo Isch dice que el buen vivir y otros, son "sandeces".

socialismo, y a esto simplemente añadido de refilón: lo eco, lo feminista y lo indigenista. De esta manera, se cumple el objetivo colonizador de despojarlos de sus contextos y procesos propios, extrayendo ciertos conceptos y principios generales para incorporarlos al buen vivir desde otra conceptualización. Con ello queda subsumido y despolitizado el sumak kawsay y el movimiento alternativo y alterativo.

Ya vemos como ahora cierta intelectualidad oportunista y proveniente de la izquierda positivista, acusan a los paradigmas andinos de romanticismo, esencialismo, retrógrados, arcaicos, atrasados, ridículos, simplones, en definitiva, de que ya fueron superados y que se estaría pretendiendo retornar al pasado. En su mentalidad colonial, hábilmente han centrado la discusión entre el pasado y el futuro, o entre las formas de vida que han sobrevivido y la modernidad, cuando de lo que se trata es de visualizar que estos pueblos enfrentan y resisten a la colonización y/o a la globalización, y ante ello se reajustan y se reacomodan para seguir sobreviviendo y existiendo. El antropocentrista de derecha e izquierda solo mira al futuro, pero el comunario mira al mismo tiempo el pasado y el futuro, y eso marca dos perspectivas diferentes de vida. Esa la gran ruptura entre estos dos paradigmas y sistemas-mundos.

Por tanto, no se trata de ver a los pueblos campesinos como reservorios de prácticas y saberes culturales tradicionales del pasado que han sobrevivido hasta hoy, sino como imaginarios sustentables "que emergen en las luchas de resistencia y de reinvención de sus mundos de vida. (...) En efecto, en ellos se manifiestan también diferentes formas de negociación política por sus autonomías: sus resistencias y adaptaciones al conocimiento moderno; su encuentro con otros imaginarios solidarios que se construyen en diferentes contextos culturales, en una política de la diversidad y la diferencia, en las alianzas entre los imaginarios de la sustentabilidad de los pueblos indígenas y la racionalidad ambiental." (Leff, 2010, p. 57)

Dentro del pensamiento homogenista, la derecha y la izquierda[57] son lo más conservador y colonial que hay al interior de la modernidad y la civilización. La derecha e izquierda son lo conservador del sistema y fuera de ellos está la alteridad o lo revolucionario, los que por ahora son calificados como extremistas al haberse salido de la dicotomía oficialista.

La izquierda se estructura desde una reflexión subjetiva, que de una experiencia vivencial de la catástrofe por parte de los pueblos que luchan por su pervivencia. Es relativamente fácil plantearse algo desde una forma de vida cómoda dentro de la civilización, que desde la realidad de la exclusión o de su situación de marginados por el patriarcapitalismo. Por ello, el sumak kawsay (y otros sentidos de vida sustentables que se desovillan en el mundo periférico) son alterativos en la generación de un nuevo orden social mundial. En occidente hay alternativas pero dentro de la misma racionalidad dominante, en cambio, en la otredad las propuestas son alterativas a la racionalidad civilizatoria o antropocéntrica.

Entonces, los peligros para la izquierda y lo alternativo occidental, es que se pueden dar la vuelta en lo mismo o quedarse en cambios gatopárdicos. De hecho, esa es la experiencia viva de la izquierda y su propuesta socialista, y a su vez, de los alternativos que no tienen claridad en precisar cuál ese nuevo sistema y básicamente critican al capitalismo. Ante ello, han buscado inspirarse o tomar como referente a los imaginarios sociales sustentables de la alteridad y de la otredad, pero cometen el error de incorporar o integrar a la misma racionalidad civilizatoria. No hacen un proceso de cambio de raíz para recrear no solo una trans-modernidad sino una trans-civilización.

En todo caso, la alteridad en el "norte global" intenta ser una alternativa aunque no sea alterativa, pero las izquierdas

---

57 Sin con esto decir, que no haya una diferencia cualitativa entre ambas.

occidentalizadas en el "sur global" que conviven con el mundo cultural ancestral y que son parte de las periferias impuestas por la civilización, en vez de aprender las ontologías y axiologías alterativas las siguen pasando por alto, por lo que ni siquiera son alternativas. Las izquierdas positivistas ni siquiera se han preocupado de asistir a una conferencia o de leer sobre epistemologías y espiritualidades andinas, y peor hacer una interiorización hacia la tierra que les ha visto nacer y que les ha dado cobijo y alimento. Solo se preocupan de recitar el marxismo y/o citar a autores occidentales y occidentalizados continuando con el colonialismo de 500 años.

En su antropocentrismo se reconocen como blanco-mestizos desde su color de piel, pero si tuvieran una visión biocéntrica o vitalcéntrica se darían cuenta de que son algo más que un color o una descendencia genética, y que están formados por las múltiples interrelaciones con el espacio geográfico que los circunda y forma, que en este caso son los Andes y sus múltiples pisos ecológicos. Y algo parecido está pasando en los denominados indígenas, que han internalizado el racismo y siguen repitiendo el apartheid colonial que clasifica a los seres humanos en indígenas, negros, mestizos, blancos. Cuando lo que debe determinarnos es nuestra condición integral de vida y en base a ello definirnos, y que en el caso de los Andes sus hijos son habitantes andinos de múltiples colores. La descolonización también implica dejar de hablar en términos racializados.

Con todo lo señalado anteriormente, no se pretende desechar o anular todo lo occidental pues se haría lo mismo que occidente ha hecho desde el otro lado, de lo que se trata es que occidente comprenda que sus paradigmas son una variable -entre otras-, que lo científico es una forma de conocimiento -entre otros-, que sus ciencias sociales son una forma de interpretación -entre otras-. Lo que quiere decir que hay más posibilidades y medios para pretender concebir qué es la vida o la "realidad", y eso hay que aprender a respetarlo y a convivirlo en diversidad y diferencia.

Todo lo cual implica la necesidad de una descolonización mundial, empezando por el primermundismo que es el más reaccionario, para que al menos aprendan del occidente alternativo y podamos acercarnos a una convivencia entre racionalidades inclusivas. Quizás el occidente alternativo se abra a lo alterativo y así se pueda profundizar los cambios y detener el cambio climático.

Éste, el gran aporte de los paradigmas andinos que han movido las fichas de la dialéctica del Uno y de su tercero excluido. La derecha e izquierda son la dialéctica convencional y la alteridad es el tercero excluido que debe ser potencializado y empoderado para que sea posible otro mundo. Lo alternativo y alterativo son los que han procedido a desbaratar toda la construcción utilitarista de la naturaleza y a descosificar la creación social que a través de su pensamiento hegemonista pretende homogenizar todo el planeta.

Sin embargo, el camino de descolonización o descivilización mundial todavía es largo, y los ortodoxos de derecha e izquierda "que comparten la misma visión eurocéntrica del universo" (Grosfoguel), se empeñarán o se seguirán ensañando por ridiculizar y menospreciar a todo aquello que provenga de fuera del antropocentrismo civilizatorio. Pero al mismo tiempo, hay otra gente en occidente que con una mentalidad más holística y quántica están abriendo el camino para que sea posible un "diálogo de saberes" entre todas las epistemologías. Lo que implica una apertura hacia esos otros mundos, pero sin pretender entenderlos desde los códigos hegemónicos de comprensión del mundo estatuidos oficialmente sino desde los propios alternativos y alterativos. Ese el desafío para una descivilización en occidente.

VITALISMO FILOSOFICO

Esto nos conduce a precisar –una vez más-, que la gran contradicción no es entre izquierda y derecha sino entre la razón antropocéntrica de la civilización y las racionalidades vitalcéntricas de la otredad. Es decir, entre dos maneras de concebir la realidad y de vivirla, la una, unidimensional, monocultural y globalizadora, y la otra, de pluralidad, diversidad y diferencia. Dicho de otra forma, entre dos sistema-mundos, por un lado, la razón civilizatoria que "ha externalizado a la naturaleza, sobreeconomizado al mundo e hipertecnologizado a la cultura y a la vida" (Galano); y por otro lado, aquella racionalidad trans-civilizatoria que se resiste a ser devorada y digerida por la modernidad globalizante y que le acusa de "saberes del pasado" cuando son los saberes sustentables para la continuidad de la vida. Entonces, nos referimos a dos paradigmas/ el escatológico y el vital. Ahí se juega el *continuum* del *logos* o el *continuum* de la natura en la que el ser humano es una expresión o parte de ella. Con toda seguridad, la naturaleza continuará con o sin el hombre. Ese el dilema para la especie humana.

Las ciencias sociales oficiales y formales quieren mantenernos sumergidos en la contradicción occidental de capitalismo / socialismo o liberalismo / marxismo, en la que las periferias son solo una prolongación de aquella dicotomía. Sin embargo, en las "ciencias sociales alterativas" las epistemologías del sur van cobrando mayor presencia y debate. Irónicamente, en Europa se discute más del Buen Vivir/Vivir Bien que en las universidades y partidos políticos de los países que la han incorporado a su normatividad constitucional. Todavía los homogenizados del sur global no se interesan por el sumak kawsay y su racionalidad andina, mas bien y paradójicamente unos cuantos personajes procedentes de occidente están yendo a las raíces andinas sin quedarse solo hurgando en las ramas creyendo allí encontrar la esencia.

En todo caso, es interesante que en todo el mundo se ha despertado mucha atracción y simpatía por estos nuevos paradigmas. Si bien hay mucho de *new age* o light en esas posiciones de empatía hacia la otredad, la labor de un revolucionario es la de profundizar en aquello y no el de pretender reacomodarlos nuevamente en los mismos esquemas de la razón extractivista que ha fracasado en todo el mundo. En vez de tomarlo como una apertura, ciertos "racistas epistémicos", especialmente alguna gente de izquierda y de la academia, ya quieren cerrar las puertas rápidamente. Los unos porque dejan de tener como centro único al marxismo, y los otros porque no responden a su "rigurosidad" investigativa objetivista.

Pero ya no hay marcha atrás, son ellos los que quieren verdaderamente mantenerse en el pasado, cuando la otredad ha hecho acto de presencia y camina a un nuevo orden mundial. Aquellas visiones de progreso, de crecimiento, de desarrollo ilimitado y lineal, se han visto compelidos por otros senti-pensares que hablan de armonicidad, complementariedad, reciprocidad, integralidad, espiralidad, relacionalidad, estabilidad dinámica.

Se va a ir difuminando poco a poco aquella lógica de claustro de las ciencia sociales, políticas y económicas del monoteísmo que las ha configurado y recreado, cuando desde la racionalidad andina se habla de la tetrádica o la tetraléctica (tawantin en kichwa) como un conocimiento multidimensional y transversal, que se asemeja a la *tetractis* griega y a todas las corrientes milenarias de todo el mundo que entendieron que el punto de inflexión interdimensional está en el cuatro, y no en el dos, y peor en el uno. Esto quiere decir, que la humanidad alguna vez se manejó por saberes y conocimientos cósmicos, totales, de completud, (aunque se manifestaban en forma diferente de acuerdo con cada lugar geográfico y cultural), hasta que hubo una ruptura que conllevó a una visión compartimentada, separatista, utilitarista, que nos ha conducido a este momento de inflexión existencial.

Einstein todavía sigue "arando en el mar" cuando la mayoría de su gente y de los civilizados no pueden comprender que el mundo ha cambiado tanto, aunque no sus pensamientos. Que en el fondo se sigue con los mismos patrones y esquemas de la ilustración positivista a pesar de que se digan revolucionarios o competitivos. Y en algunos casos siguen con los mismos prototipos de la edad media. Los que quieren regresar al pasado son ellos y no los pueblos de la otredad. Son los que dicen que la ciencia no está en crisis, y si no lo admiten es porque no quieren avanzar. Los retro y contra revolucionarios están en la mayoría de cientistas o científicos sociales y políticos que se siguen manejando y pensando únicamente desde las ontologías de la civilización y de la modernidad.

Es un paso importante, que en el occidente alternativo se hablen de los saberes de la complejidad, pero hay que ir más al fondo y llegar a los saberes relacionales y a los concienciales (vitalismo). Pasos importantes pero que no logran traspasarla completamente a una trans-modernidad y peor a una trans-civilización desde una nueva ontología. Entendiendo por trans-civilización a los saberes acumulados de la humanidad, y no a la negación o anulación de los saberes anteriores como ha hecho la modernidad. Saberes relacionales de la pluralidad de culturas y de las múltiples verdades según el nivel de conciencia, esto es, que la vida y el mundo quedan intervenidos por la conciencia y sus diversas interrelaciones. Quizás así, podamos recrear un mundo donde vivan todas las formas de vida.

¿EXISTE UN PENSAMIENTO LATINOAMERICANO?

Desde un poco más allá de mediados del siglo pasado se viene discutiendo si existe un pensamiento latinoamericano o una filosofía latinoamericana, pero nadie ha podido afirmarlo categóricamente, pues en última instancia todo lo producido ha sido simplemente una extensión del pensamiento occidental en América Latina; por ello, no se podía hablar de algo verdaderamente diferente y propio. La única posibilidad de un pensamiento propio era lo indígena; pero los intelectuales latinoamericanos se han resistido a valorarlo y a darle el sitial que le dio el suizo-alemán Joseph Estermann en su "Filosofía Andina".

El "buenvivir" se ha constituido en la más importante expresión del pensamiento interamericano. Es lo más elaborado que han logrado configurar sus pensadores andinistas y que nace desde las extrañas más profundas de los pueblos de los tercero-excluidos o tercerizados o anatemizados. Por primera vez en la historia, luego de la invasión, se puede hablar de un "pensamiento propio" que integra a varias racionalidades y que no reproduce al pensamiento occidental en una forma "hispanoamericana".

Hasta antes del "buen vivir", lo latinoamericano, en todas sus facetas, solo era una variante formal del paradigma eurocéntrico, que no constituía una ruptura, sino una adaptación del pensamiento de Occidente a las nuevas circunstancias territoriales. En definitiva, lo latinoamericano era (y es) tan solo un "extenso pie de página" de la mente colonial.

Tras 500 años, como pronosticaron los sabios andinos antes de la invasión, ha surgido algo verdaderamente diferente, que es capaz de cuestionar profundamente todas las verdades que fueron universalizadas por el antropocentrismo para todos los pueblos y culturas del mundo. Siendo esto verdaderamente lo revolucionario, en el sentido de ser transgresor del pensamiento hegemónico y homogenista, y no solo de lo económico o político.

De todo lo producido por la intelectualidad latinoamericana, no existe nada que pueda ser catalogado como pensamiento propio, por más profundo que éste sea y por más original o grande que haya alcanzado en relación a lo que hayan producido los propios intelectuales occidentales. El "buenvivir" puede tener errores o deficiencias, pero es lo más importante, pero ante todo lo único que se ha producido hasta ahora en más de 500 años de colonialismo, y por ende propio. Hoy sí se puede decir que se ha hecho un aporte al mundo con algo fundamental y diferente, pues, antes del "buenvivir" las respuestas de los intelectuales latinoamericanos a los problemas de la región seguían en el mismo patrón eurocéntrico, por lo que no eran una alterativa ni siquiera una alternativa, sino un "gatopardismo" para seguir manteniendo el *status quo*.

Los latinoamericanos, hasta ahora, no han comprendido que solamente hay futuro cuando el pasado es procesado, caso contrario, se sigue repitiendo el pasado y no hay cambio. Evitar mirar al pasado, a pretexto de que se está intentando "regresar al pasado", es en el fondo, seguir arrastrando el pasado hacia el futuro. Esa la paradoja. O como diría el sup Galeano[58]: "Porque entendemos que a usted le piden que ponga atención a ese breve instante en que un granito de arena llega al reducido pasaje para caer y sumarse a los instantes que se acumulan en eso que llamamos "pasado". Porque eso le insinúan, le aconsejan, le piden, le ordenan, le mandan: viva el instante, viva ese presente que ya puede reducir aún más con la más alta y sofisticada tecnología. No piense en el tiempo que ya yace en el ayer, porque en el vértigo de la modernidad, es lo mismo "hace un segundo" que "hace un siglo".

Indudablemente, la "aventura populista" del "buen vivir de los socialistas del siglo XXI" ha resquebrajado este nuevo paradigma hasta dejarla como un esperpento para una parte de la población andina. Pero ello, no implica que debamos echarlo a la basura, como otra de las modas experimentadas en la historia del populismo y el paternalismo de izquierdas. Todo lo contrario.

---

58 https://bit.ly/2pfqd1F

Hay que continuar y profundizar en él para configurarlo en todos los detalles, para que le permitan seguir siendo una salida estructural al actual caos humanitario.

Esa es la tarea de quienes quieren continuar tejiendo el gran tapiz de las culturas milenarias y su racionalidad integral; que justamente no es regresar al pasado, sino prolongarlo en otro nivel hacia el futuro para que jueguen un rol fundamental en los actuales momentos de desconcierto y desaire. Y eso les duele a los intelectuales liberales y marxistas (y algunos indianistas-kataristas) que quieren ver al "buenvivir" como una idea totalmente muerta y se empeñan en decir que ya no existe. Aquellos que quieren seguir reproduciendo y ampliando el pensamiento colonial de derecha e izquierda, al menos deberían interesarse en lo que están trabajando algunos intelectuales en el mismo Occidente para tratar de trascenderlo ("trans-modernidad" [59]).

La casi totalidad de los intelectuales latinoamericanos no entienden o no conocen la racionalidad indígena, y lo único que se atreven a decir de los intelectuales andinistas es que son "fundamentalistas". Así han sido calificados algunos pensamientos en ciertas épocas en el mundo, hasta que finalmente han sido reconocidos y aceptados. Las mujeres y los homosexuales, en sus formas de pensamiento van siendo aceptados lentamente por el mundo patriarcal, pero las racionalidades indias y negras siguen siendo despreciadas. Solo son aceptadas como folclor y como atractivo para el "etno-turismo". Aunque todo esto, poco a poco va cambiando; por ahora mucho más en Europa que en la propia Latinoamérica. Así de irónico.

---

59 Antonio Luis Hidalgo-Capitán y Ana Patricia Cubillo-Guevara Transmodernidad y Transdesarrollo. El decrecimiento y el buen vivir como dos versiones análogas de un transdesarrollo transmoderno Ediciones Bonanza, Huelva, 2016, 154 páginas.

Habrá que seguir trabajando para que el "buenvivir profundo" alcance sus propósitos; algo que será irremediable ante el acecho del cambio climático. Pero eso ya depende de los pueblos. La humanidad sale del paradigma antropocentrista de derecha e izquierda de una vez por todas, o perecerá por sus propias manos. Ese es el dilema. El tiempo es corto; es ahora o nunca.

De Souza Santos, Boaventura. El fin de los descubrimientos imperiales

De Sousa Santos, Boaventura. Una epistemología del Sur

De Sousa Santos, Boaventura. La caída del Angelus Novus

Dussel, Enrique. Transmodernidad e Interculturalidad

Escobar, Arturo ¿"Pachamámicos" vs "Modérnicos"?

Estermann, Josef, "Vivir bien" como utopía política

Grosfoguel, Ramón. Del «extractivismo económico» al «extractivismo epistémico» y al «extractivismo ontológico»: una forma destructiva de conocer, ser y estar en el mundo. Revista tabula rasa.

Grosfoguel, Ramón "La descolonización de la economía política y los estudios poscoloniales"

Hidalgo y Cubillo. Transmodernidad y transdesarrollo. El decrecimiento y el buen vivir como dos versiones análogas de un transdesarrollo transmoderno.

Lander, Edgar. Ciencias Sociales, Saberes coloniales y eurocéntricos

Latouche, Serge. Contra el desarrollo: ni duradero ni alternativo.

Le Quang, Matthieu y Vercoutère, Tamia. Ecosocialismo y Buen Vivir, Diálogo entre dos alternativas al capitalismo

Lowy, Michael. ¿Qué es el ecosocialismo?

Leff, Enrique. Imaginarios sociales y sustentabilidad. Cultura y representaciones sociales.

6

El cambio desde arriba y adentro, y el cambio desde abajo y afuera
El cuotismo y el cooptacionismo como nuevas estrategias

*"No se trata de tener el derecho a ser iguales
sino de tener igual derecho a ser diferentes"*

"Cuotas de poder", "participación en el Estado", "inclusión a las ventajas de la modernidad", "integración a los beneficios del desarrollo y el progreso" ...; son las nuevas tácticas del babelismo de derecha con relación a la práctica social del babelismo de izquierda, para mantener el control hegemónico de los de abajo antes que se rebelen a los de arriba. Si antes se sometía mediante la dictadura o la segregación o la educación forzada, ahora es mediante la integración y cooptación al poder y al pensamiento dominante. El cuotismo y el cooptacionismo, son la manera sutil del manejo sistémico con el propósito de anular, inmovilizar, negar, y asimilar a los tercerizados que luchan por un mundo inclusivo y con ello terminar con el modo de vida piramidalista[60].

---

60 Al sistema verticalista, patriarcal, antropocentrista, civilizatorio, logocrático, racista, sexista, capitalista, etc., le resumimos y le configuramos como sistema-mundo piramidalista.

O como dice Byung-Chul Han[61]: "Hoy tenemos la impresión de que no somos sujetos sometidos, sino un proyecto que siempre se renueva, se reinventa y se mejora sin cesar. El problema es que este proyecto, en el que se convierte el sujeto sometido, se revela como figura forzada. El yo como proyecto revela coerciones del propio yo, que se reflejan, por ejemplo, en el aumento del rendimiento o la optimización. Vivimos en una fase histórica particular, en la que la propia libertad genera coerciones. (...) La técnica de poder del sistema neoliberal no es ni prohibitiva ni represiva, sino seductora. Se emplea un poder inteligente. Este poder, en vez de prohibir, seduce. No se lleva a cabo a través de la obediencia sino del gusto. Cada uno se somete al sistema de poder mientras se comunique y consuma, o incluso mientras pulse el botón de «me gusta»."

EQUIDAD DE GÉNERO

Dentro de los tercero-excluidos, el grupo más grande a nivel mundial lo constituyen las mujeres, las que se han rebelado al sistema patriarcal exigiendo cambios en la relación hombre-mujer, entre la masculinidad y la feminidad, entre la verticalidad y lo horizontal, entre la exclusividad y la inclusividad, etc. Ante ello, cierto feminismo ha exigido igualdad de derechos, igualdad de participación, igualdad económica, en fin, lo que este grupo llama "igualdad de género". Sin embargo, esta corriente tiene serias contradicciones y oposiciones con otros feminismos que plantean un "equilibrio de géneros" o "equidad de géneros", lo cual es muy diferente a "igualdad de género". De esta manera, estableciéndose

---

61 «Hoy no se tortura, sino que se "postea" y se "tuitea"»

dos corrientes y posiciones muy dispares, aunque aparentemente con objetivos similares[62].

La disputa por la "igualdad de género" se ha transformado en la búsqueda de una igual intervención de varones y mujeres en la vida social, política y económica del sistema patriarcapitalista, es decir, es tan solo la incorporación de las mujeres al mismo sistema de poder. Los de arriba, que inicialmente no estaban de acuerdo con la presencia y participación de las mujeres, han accedido a entregar ciertas cuotas de poder político otorgándoles a determinadas mujeres el mando de sus instituciones. Obviamente, no les han entregado el poder o la dirección de su sistema a las mujeres que propugnan el "equilibrio de género" sino a las propugnan la "igualdad de género", que son las que simplemente quieren compartir el poder y mantener el mismo sistema, en clara diferencia con las otras en que su interés primordial no es entrar al sistema sino cambiarlo.

En el sistema-mundo piramidalista hay exclusiones: de género, de clase, de raza, de sexo, de cultura, de religión, etc.; pero solo aceptan que a nivel de género haya un cambio, pero sin que cambien las relaciones de poder económico, y peor las culturales que sostienen al piramidalismo, esto es, el sistema judicial, militar,

---

62 "En otras palabras, este feminismo descolonial, además de cuestionar los discursos feministas herederos de la Ilustración, descubre las construcciones patriarcales de lo femenino escondidas en los llamamientos a favor de la tradición y la diferencia. Dos espacios han sido importantes para esta tarea: las crecientes redes transnacionales de mujeres indígenas y afrolatinoamericanas, y determinados movimientos sociales, en los que las mujeres se han embarcado en el cuestionamiento cotidiano de las construcciones patriarcales de lo indígena (por ejemplo, Rivera Zea, 2008). Un tercer aspecto de este feminismo es su naciente cuestionamiento a la categoría de "género" por considerarla parte de las concepciones individualizantes y, por lo tanto, inaplicable –al menos en su forma liberal- a los mundos relacionales." ESCOBAR ARTURO, en Reinventar la Izquierda en el siglo XXI, Iaen, Quito, 2014.

educativo, familiar. Estas mujeres han logrado una cierta igualdad de género en ciertos niveles, pero han reforzado el clasismo, el racismo, el homofobismo, el fanatismo religioso, etc. Pero, esta igualdad es solo para un reducido grupo de mujeres privilegiadas ya que las mujeres anatemas o tercerizadas siguen siendo excluidas, no solo por su condición de mujer, sino por ser pobre, por ser indígena, por su color de piel, por su espiritualidad, por sus tradiciones, por su idioma, por su forma física, etc.

En otras palabras, hay mujeres que encarnan el sistema establecido (cooptacionismo) y que lo mantienen y perennizan -con o sin- cuotas de poder (cuotismo); y hay mujeres que lo cuestionan adentro o afuera del sistema y desde abajo del poder piramidal. Obviamente, el piramidalismo babélico solo acepta a las que han encarnado el pensamiento patriarcal, a las que se auto someten al sistema vertical y que quieren seguir manteniendo la misma correlación entre los de arriba y los de abajo. A estas féminas, Casilda Rodrigañez las llama "mujeres patriarcales" o Gerda Lerner la "madre patriarcal".

Estas mujeres han sido desde la consolidación del patriarcalismo el escudo y la espada para enfrentarse con las otras mujeres. Y con su incorporación reciente a la dirección del sistema oficial éste se ha fortalecido aun más, ya que cuenta con más miembros para su defensa en los distintos espacios e instituciones de la patriarquía[63]. Estas "mujeres piramidalistas" son más fieles defensoras, que muchos hombres que cuestionan al piramidalismo y sus diferentes tentáculos.

---

63 "Por ello no es relevante que las mujeres tengan derecho al 50% en el aparato patriarcal del Estado o de las finanzas; se comportarán como machorras (cuerpo de mujer y mente masculina), ineludiblemente. Es trágico, para todos, que las feministas hayan caído, tan ingenuamente, en las trampas del patriarcado."

Así la lucha proximal[64] e integral contra el sistema patriarcapitalista, causa y origen del machismo, del sexismo y de toda la
segregación y ablación de la mujer, queda postergada y pasa simplemente a centralizarse en una acción por un mayor nivel cuantitativo de participación de ciertas mujeres dentro del sistema-mundo
babélico. Con ello, se mantiene lo distal entre los varones y las mujeres, pero principalmente entre los principios e instituciones de lo
masculino y femenino de vida.

De esta manera estratégica, la acción queda reducida a tener
las mismas ventajas para determinadas mujeres en el sistema creado y estructurado por el patriarcalismo. Se les entrega cuotas de poder dentro del sistema misógino, pero ellas no se convierten en lu-
chadoras contra el sistema que les domeña y que afianza lo distal a
nivel social y cultural, sino que máximo se esfuerzan en lograr más
derechos dentro del mismo Estado. Y a la final, éste se afina mucho
más en la dominación de otros miembros de la sociedad y en otros
niveles de la mujer y de lo femenino. Esta afinación, ya no es una
dominación desde alguien, sino una autodominación, ellas mismas
se autodominan y todas y todos terminan aceptando la autodominación como un hecho natural de la vida.

Esta autodominación consiste en creer que las mujeres están
representadas por aquellas mujeres en el poder, o de que ya tienen
los mismos derechos que los varones porque ciertas mujeres están
en puestos que antes eran exclusivos de los hombres, sin que se den
cuenta que estas mujeres están legitimando y naturalizando el mismo sistema de biopoder piramidal, en el que ahora hay mujeres-jefas
reprimiendo a las otras mujeres. Antes se veía solo a hombres diri-
giendo el sistema piramidalista, ahora se ven mujeres en la cúspide patriarcapitalista y algunas, son hasta más patriarcales que los

---

64 Proximal, que está más próximo al eje o línea media del organismo o
del arranque de un miembro u otro órgano. Todo lo contrario, a distal.

propios hombres. Esto es, mujeres que atacan a las formas, paradigmas e instituciones de lo "matrial"[65] o lo espiralado; y que defienden al sistema piramidalista y su colonialismo, capitalismo, productivismo, racismo, separatismo, materialismo, racionalismo, etc.

Ninguna de las mujeres que han llegado a sitios de poder en el Estado o en lo privado, han hecho acciones para desestructurar el poder vertical, por el contrario, estas mujeres han sido incólumes defensoras del mismo sistema separatista, lineal, desarrollista, homogeneizador, etc. Lo que ha significado que estas mujeres dejen de ser parte de los tercero-excluidos y pasen a formar filas dentro del sistema patriarcapitalista. En definitiva, la neo-misoginia consiste en introducir personas con rasgos físicos femeninos al poder piramidalista, pero sin integrar los principios y paradigmas de lo femenino, esto es, lo matrial, lo integral, lo espiral, lo proximal; así ellas y su "mente patriarcal" (Claudio Naranjo) se encarguen de cuidar y de prolongar perpetuamente el sistema que somete a las y los de abajo.

LA INTERCULTURALIDAD

El babelismo de izquierda dice que los indígenas son "los guardianes de la tierra", que "viven en el continuum de la naturaleza", que "defienden sus costumbres", etc. Por lo que promueven su inclusión en las políticas de desarrollo, propugnan su integración a las instituciones coloniales, y hasta se les permite tener puestos y cuotas en los gobiernos nacionales e instancias internacionales, etc.

---

65 Proponemos el término matrial, en reemplazo de matriarcalismo o de matrística o de matrilineal o matrifocal, porque todas ellas siguen la lógica babélica, unas más que otras. Y desde los tercero-excluidos, la matria tiene más sentido que la patria y el patriotismo del patriarcalismo pues se asienta en lo profundo de la madre-dadora-de-vida en todas sus formas y expresiones.

Algunos, se convierten en diputados, alcaldes, y hasta presidente de la república (Bolivia); pero, no se produce ninguna transformación cultural, ni se cambia el Estado criollo y republicano, ni se integran las ontologías y epistemologías indígenas; y a la final, todo sigue igual.

La inclusión indígena se convierte en la integración de personajes con fenotipo o pigmento "del color de la tierra" al mismo poder racista y civilizatorio, más no, sus filosofías, metodologías, axiologías, hermenéuticas. Los indios en el poder piramidalista, no están para recrear otro sistema sino para continuar con el blanqueamiento, en el que ahora lo ejecutan un grupo de propios indígenas. La mentalidad colonial, ahora instrumentalizada por indios que articulan ideas babelistas: liberales, marxistas, positivistas, capitalistas, desarrollistas, progresistas, religiocentristas, etc.

La interculturalidad y la plurinacionalidad, tan solo son la intervención de indígenas dentro del mismo Estado y gobierno colonial-republicano. Se introducen algunas simbologías y parafernalias ancestrales al mismo sistema de dominación, en un típico "pachamamismo" para maquillar al mismo sistema-mundo etnocentrista y xenófobo, y no para cuestionarlo y resquebrajarlo. Se convierten en neo-felipillos que se encargan de tender los lazos con los neo-conquistadores, para que el indio siga sirviendo a la "dista-política[66]" de los grupos hegemónicos.

Lo que significa, que el etnocentrismo o blanqueamiento siguen latentes al mantenerse los mismos conceptos y valores coloniales y modernos en la vida común y corriente de los indígenas. De esta manera, los indios quedan como adorno para recibir a personalidades, como turismo comunitario, como danzas y músicas para el

---

66 Acuñamos el término "dista-política": política distal o de separación o de exclusión entre unos y otros. Lo contrario de la "proxi-política" que busca la unión, la interrelación, la comunión entre opuestos complementarios.

mercado posmoderno, como espiritualidades para buscadores new age. Así, el sistema continúa ileso, con indios incorporados al mismo poder racializado, y que solo reclaman más derechos para ciertos indígenas dentro del mismo sistema xenófobo. En definitiva, el neo-etnocentrismo consiste en incorporar gente con características físicas indígenas al poder estatuido, pero que su mentalidad está estructurada en lo colonial y en la modernidad capitalista, para que se encarguen de naturalizar y de legalizar el sistema de dominación colonial.

LA SUSTENTABILIDAD

Y en el mismo sentido podemos hablar del ecologismo y del ambientalismo. Dicen de ellos, que han cambiado las dimensiones de la naturaleza, que sus conceptos de sustentabilidad y de lo verde han replanteado la relación sociedad-medio ambiente, que sin el ecologismo la explotación y depredación de la naturaleza habría alcanzado niveles dramáticos, etc. Ante ello, promueven su intervención en los altos organismos medioambientales, son tomados en cuenta sus planteamientos de los "derechos de la naturaleza", sus miembros pasan a ocupar puestos importantes en los gobiernos nacionales y mundiales, etc. Pero no pasa nada de fondo, ni siquiera se ha logrado frenar el cambio climático peor el caos global; todo se queda en medidas de adaptación, de mitigación, de resiliencia, y el capitalismo devorador sigue campante. Por el contrario, eufemísticamente se acomodan las formas de depredación y aparece el capitalismo verde o el desarrollo sostenible, como referentes para todo el mundo. Es decir, el Estado extractivista se mantiene, y el sistema utilitarista y cosificador de la naturaleza se resignifica desde un nuevo discurso de prácticas "amigables con el medio ambiente".

De esta manera, el saber ambiental, que cuestiona a las epistemes positivistas del piramidalismo objetivista de la naturaleza, queda relegado y visualizado como no-científico o poco serio, y mas bien, presentado como un concepción apocalíptica o catastrofista. Con lo cual, se desdibuja y se desarma la posibilidad de terminar con el ecocidio y el cambio climático, para continuar por otros enfoques con el mismo esquema. Por ejemplo, aquel discurso demagógico de que "los recursos naturales serán utilizados para terminar con la pobreza", lo cual es el más descarado eufemismo. Entre tanto, la epistemología ambiental que podría abrir el camino a la construcción de un nuevo mundo, es atrapado en el poder oficial y con ello adormecido en su capacidad de ruptura con la razón instrumental económica y tecnológica.

El ambiente o la naturaleza no-humana, deja de ser una fuente de pensamientos, sensaciones y sentidos, para tan solo seguir siendo un objeto de conocimiento y de manipulación por la ciencia tecnocrática. Cumpliéndose así con el objetivo primordial, que es mantener el mismo sistema explotador de la naturaleza y del ser humano, con la intervención de ecologistas y ambientalistas que adornan con su discurso de verde y de sustentabilidad. Y lo único que se consigue, es florecer de otras maneras el mismo sistema pero dejándose intactas al mismo tronco y raíces del sistema contra-natura, consecuentemente manteniéndose en peligro la sobrevivencia de la especie humana.

En definitiva, el neo-ecocidio es la introducción de personajes con maquillaje y ropaje verde, pero que no viven ni manejan políticas desde las epistemologías ambientales, los cuales tienen la función de adornar de sustentabilidad y de sostenibilidad al mismo proyecto catastrofista del capitalismo voraz.

LOS BABELISTAS "PROGRE"

Por más de 100 años se enfrentaron conservadores y liberales, incluso llegaron a extremos de matarse mutuamente, pero a medida que se fue consolidando el capitalismo las diferencias fueron disminuyendo hasta desaparecer. Hoy prácticamente conviven en colaboración mutua y se reparten el poder de acuerdo a las circunstancias, y se unen férreamente cuando está en peligro su posición privilegiada.

Los conservadores fueron absorbidos por los liberales, o el liberalismo logró ganar la disputa y procedió a introducir a los conservadores dentro de su paraguas; habiendo actualmente los liberales conservadores o neoliberales, los liberales propiamente dichos, hasta los liberales-marxistas. Dicho de otra forma, los unos representan a la extrema derecha que propugna lo que algunos han denominado el "capitalismo salvaje", la derecha o centro-derecha que promueve un "capitalismo verde", y los otros que dicen que están avanzando a un eco-socialismo. Los dos primeros representan a la burguesía, una burguesía conservadora y una burguesía liberal, una burguesía aristocrática y una burguesía plena, que se disputan el poder pero que no dudan en aliarse cuando se trata de enfrentarse a sus detractores. De tanto en tanto se confrontan por obtener la mayor y mejor parte de la torta, pero cuando les quieren quitar todo son uno solo.

Día a día van acortándose las diferencias y se van imbricando en una sola especie, las viejas generaciones son más conservadoras pero las nuevas ya son liberales cuajados. El neoliberalismo les va envolviendo en una sola fuerza, en la que lo privado es el centro de todo y se desmarcan de la pequeña burguesía o de una burguesía emergente que promueve la intervención reguladora del Estado. La única diferencia es que los unos defienden plenamente al capitalismo y la sociedad de mercado, y los otros que dicen que promueven la regulación del mercado y del Estado, y que están modernizando el capitalismo para que sea posible el socialismo a futuro.

En el caso de los EEUU, hasta los años 70 había distancias entre el partido demócrata que representaba a los sindicatos y el partido republicano a las élites económicas. Pero la burguesía liberal que no se sentía muy cómoda en el partido republicano vio como opción el partido demócrata, por lo que se fueron introduciendo paulatinamente hasta tomárselo plenamente desde el gobierno de Bill Clinton. Ahora ambos partidos pertenecen plenamente a la burguesía, a la burguesía liberal y a la conservadora, que se turnan en el poder y cuyo propósito es mantener el sistema de exclusión. Las élites apoyan a los candidatos de ambos partidos así, cualquiera que gane se aseguran de tener ventajas, pero principalmente de que no se ponga en entredicho al sistema piramidalista.

El excandidato presidencial Bernie Sanders era uno de los últimos remanentes del antiguo partido demócrata que estaba más cerca de la clase media y de los trabajadores, pero que a la final ganó la derecha liberal a través de Hillary Clinton. El partido demócrata es cada vez más asimilado por la derecha y prácticamente ya no hay diferencia con el partido republicano, tan solo la de representar el juego del bipartidismo para hablar de democracia, para que haya cierta alternancia y se haga más interesante la lucha entre los grupos de poder, y el pueblo siga votando por una de esas dos únicas opciones reales y acepte la autodominación creyéndose libres de poder votar por cualquiera de las dos fuerzas económicas.

En 1989 con la desaparición de la Unión Soviética la izquierda sufrió un gran golpe, lo que le condujo a la reflexión y el análisis de lo sucedido. Se cuestionaron algunas concepciones y prácticas, lo que generó varias posiciones y tendencias. En un extremo, quienes se afirmaron en la ortodoxia marxista-leninista y que terminó culpando al imperialismo por su derrota y no a causas o errores propios. Y en el otro extremo, quienes cuestionaron a una serie de tesis, calificándolas como dogmáticas, sectarias, dictatoriales y burocráticas, pero que siguieron ubicándose en la izquierda.

En este abanico de la izquierda, el resultado fue la aparición de más y múltiples izquierdas, a las que podríamos enmarcar desde una izquierda incambiable hasta una izquierda en que a nombre de cambio ha borrado todo el sustento de la antigua izquierda y tan solo mantiene el nombre. Esta última izquierda ha procedido a hacer un vaciamiento, aprovechando de la situación caótica y de reflujo, para proceder a resignificarla de pies a cabeza. Ha hecho un replanteamiento bajo el nombre de "nueva izquierda" o "izquierda moderna", de tal manera que presenten una ubicación o posición dentro de la izquierda, pero no necesariamente en sus postulados y acciones. Han procedido a incorporar o asimilar a una serie de categorías del liberalismo y hasta del conservadurismo, para hacer una amalgama en la que lo central ya no es el marxismo o el materialismo dialéctico, sino que éste es un añadido más entre otros.

Si bien es cierto que había que desmitificar el marxismo-leninismo y de rencauzar la izquierda a otros planos y niveles, pero lo que ha hecho esta "nueva izquierda" es sacarla de su esencia revolucionaria y transgresora para convertirla en reformista, etapista, coyunturalista, populista. En otras palabras, una serie de concepciones burguesas han sido adoptadas por esta autodenominada izquierda, haciéndole perder su carácter rebelde y alternativo. Esto se refleja en sus actitudes pro-extractivistas, modernizadoras del estado burgués, desarrollo del capitalismo financiero, acomodo a los índices del capitalismo global, aceptación de las tesis globalizadoras, y todo cuanto permita entrar a la modernidad plena, en la idea de que son los pasos previos para llegar al socialismo.

Tanto es así, que muchos sectores de la burguesía han entrado a sus filas, votan por ellos, y quieren que se mantengan en el poder, pues saben que ya no representan un peligro para sus intereses, todo lo contrario, han demostrado ser más eficaces que los capitalistas salvajes o neoliberales, puesto que han hecho del estado un gran instrumento de traslación de recursos. Si antes las viejas izquierdas nacionalizaban y estatizaban empresas o creaban nuevas, la nueva izquierda se encarga de pasar los recursos a las viejas empresas capitalistas o a las nuevas empresas de su círculo. La vieja burguesía nacional e internacional han recibido los contratos de las grandes obras, pero al mismo tiempo ha brotado una nueva burguesía que ha sido beneficiada con transacciones medianas y pequeñas. Si antes la vieja derecha controlaba todo, ahora la pequeña burguesía ha recibido su parte y con ello ha terminado más cerca de la burguesía tradicional que de los trabajadores a quienes ideológicamente dice defender. Esta burguesía boyante es la más interesada en que se mantengan los gobiernos "progresistas", pues quieren seguir firmando más convenios con el Estado para seguir enriqueciéndose y luego estar en condiciones de disputarse con la gran burguesía o la oligarquía.

Bajo el membrete de "empresarios con responsabilidad social", esta rebosante burguesía posmoderna marca cierta distancia de la vieja burguesía, presentándose como moderna y con sentido social. Mientras la vieja derecha continúa con su prédica de eliminar o bajar impuestos, la nueva burguesía está de acuerdo con los impuestos y con el mismo argumento del "progresismo" de que esos recursos son necesarios para sostener la educación y la salud. Es decir, sostener al Estado dinamizador de la economía y de la que ellos son los principales beneficiarios.

Todos ellos están de acuerdo con los gobiernos socialistas del siglo 21 y han apoyado a Lula, Dilma, Chávez, Krischner, Morales, Correa, etc., y aceptan el estadocentrismo para que sigan haciendo más obras y ellos sean sus adjudicatarios. Obras que benefician principalmente a los grupos empresariales que tienen mejor infraestructura para realizar sus actividades privadas, es decir, el Estado creando las condiciones para mejorar la producción y el enriquecimiento de los mismos grupos de poder de siempre, bajo el pretexto de crear fuentes de empleo y de mejorar los ingresos de los trabajadores.

Son una burguesía que se califica de izquierda, de una izquierda que ya no es estatizadora sino estado-puente, que ya no es creadora de empresas estatales o centralizadora de la economía en el Estado, sino que hace del Estado un mejor intermediador para pasar los recursos a los ricos viejos y nuevos. Todo ello, en base a lo que acumula por vía de impuestos al pueblo, que como último consumidor es el que realmente paga todo[67], y además por la explotación inmisericorde de la naturaleza (ecocidio) y del neocolonialismo de los pueblos primeros (etnocidio).

Los "progresistas" no fueron capaces de motivar y empoderar al pueblo, para que se organice en cooperativas, asociaciones, comunidades, etc., y sean los que se hagan cargo de muchas obras y que hoy sean los que le estén disputando el mercado y los capitales a la burguesía. Por ejemplo, en el gobierno de Rafael Correa los grupos financieros en sus 10 años de gobierno aumentaron en 150% sus ganancias, mucho más a lo que ganaron en el período anterior al de él y que fuera gobernado por la derecha. Apenas son 7 los grupos financieros que controlan el sistema financiero ecuatoriano, pero si hubiera consolidado a las juntas y cooperativas de ahorro se

---

67 "En nuestra época, el trabajo se presenta en forma de libertad y autorealización. Me (auto)exploto, pero creo que me realizo. En ese momento no aparece la sensación de alienación. De esta manera, el primer estadio del síndrome burnout (agotamiento) es la euforia. Entusiasmado, me vuelco en el trabajo hasta caer rendido. Me realizo hasta morir. Me optimizo hasta morir. Me exploto a mí mismo hasta quebrarme. Esta autoexplotación es más eficaz que la explotación ajena a la que se refería el marxismo, porque va acompañada de un sentimiento de libertad." Byung-Chul Han: «Hoy no se tortura, sino que se "postea" y se "tuitea"»

hubiera desconcentrado la acumulación del capital y estaríamos en otras condiciones. Eso habría sido una verdadera política de izquierda, que estaría creando las condiciones para salir del capitalismo y no para afirmarlo.

El pensamiento burgués ha penetrado en la izquierda, a tal punto que ya no hay gran diferencia entre la "vieja derecha" y la "nueva izquierda", así como ya no la hay entre conservadores y liberales. Las distancias son tan solo al interior de la misma "patriz" (matriz), por lo que la izquierda ya no es la alteridad sino simplemente el otro lado del sistema dominante. Una izquierda que no pretende terminar con el capitalismo sino hacerle más "humano" o "popular", pero para que parezca de izquierda dicen que el "capitalismo social" es el paso obligado para construir el socialismo, algo que será obra de las futuras generaciones, amén.

La izquierda de nuestros días, es conservadora a nivel familiar, liberal a nivel económico, feminista a nivel de género, ecologista a nivel de una producción verde, indigenista a nivel de folclorizar a los pueblos originarios, etc. Un hibridismo en el que pueden entrar todas las corrientes, y cuyo propósito es inmovilizar a los propios movimientos sociales. Es un otro caso de "extractivismo epistémico", en el que se toma una serie de principios y axiomas de la alteridad para digerirlos en un híbrido y con ello despolitizarlos, desmoralizarlos y aniquilarlos. De esta manera, han logrado quebrar algunas organizaciones, cooptarlas, o dividirlas. Lo que no pudo hacer la vieja derecha, lo ha podido hacer la burguesía flotante y lo más risible a nombre de la "izquierda", de la "revolución" y del "socialismo".

El socialismo del siglo 21 se ha convertido en otro brazo que apuntala el sistema, como lo son el partido demócrata en EEUU, o el PSOE en España, o el PS en Francia, quienes juegan a alternarse en el poder, pero que no hacen cambios estructurales. Jugar al bipartidismo de derecha e izquierda, para desarmar a los terce-ro-excluidos o tercerizados presentándolos como extremistas o fundamentalistas. Hábilmente la burguesía se ha tomado a la izquierda y al socialismo, incorporándolas a sus estrategias de perpetuación y dominio. La burguesía liberal, en primer lugar, se asimiló a los conservadores y ahora lo ha hecho con una buena parte de la izquierda, el siguiente paso será hacerlo con todas las izquierdas, y obviamente los tercero-excluidos.

Actualmente la alteridad viene de fuera de la izquierda, desde los movimientos de resistencia, los movimientos alternativos, los movimientos de transición, los movimientos autonomistas, etc. Todos los cuales no se sienten representados por la izquierda y que por otro lado cuestionan la dicotomía derecha/izquierda, la que ahora resulta obsoleta y reaccionaria. La oposición ahora es, entre lo alternativo y lo oficial, entre lo alterativo y lo estatuido, entre el centro y la periferia, entre lo eurocéntrico y la alteridad, entre la globalización y la diversidad, entre el antropocentrismo y el vitalismo, entre la civilización y la transcivilización. Ahí es donde se juegan los dos sistemas-mundos, y la posibilidad de cambios profundos y totales, o la desaparición de la especie humana por efecto del cambio climático. Esta la antinomia que el mundo debe resolver inmediatamente, sino será demasiado tarde.

A quienes cuestionan a estas formas cosméticas o parches, los babelistas "progre" los minimizan como aventureros, demagogos y hasta de contrarrevolucionarios. Buscan opacarlos con el argumento de que todo es proceso y de que se está avanzado paulatinamente, sin que se den cuenta, que de lo que se trata es de sembrar las semillas de algo nuevo y diferente para que eso germine, y no de repintar o de reacomodar las mismas estructuras de disciplinamiento y sumisión, para que jamás surja algo nuevo. Obviamente, que una transición profunda no se consigue en poco tiempo, como pretenden cuestionar los "progre" de que la "revolución no se hace en 5 minutos"; pero, de lo que se trata es de empezar, pues jamás puede haber cambio desde el propio sistema o desde adentro, sino desde abajo y desde afuera.

Todo esto significa, que lo principal (no lo único) es todo lo que se pueda hacer "desde fuera" de la razón dominante y "desde abajo" al interior del sistema de poder. Esto implica la recreación de otras formas de vida desde fuera de lo convencional u oficial, y no solo la idea de asaltar o tomar el poder "desde adentro". El reconstruir el poder popular "desde "abajo" con la sociedad civil organizada, y no particularmente "desde arriba" o desde el Estado como aparato y medio creado por el pensamiento hegemónico. La izquierda, solo quiere hacerlo al interior del sistema, esto es, "desde arriba" y "desde adentro", desde el gobierno y desde la democracia formal, de ahí su perenne fracaso y sin que terminen de aprender. Los tercero-excluidos no rechazan a la lucha "desde arriba" y "desde adentro" sino que lo complementan y le dan más importancia a la acción "desde abajo" y "desde afuera". O en palabras del sup Galeano[68]: "La lucha es algo donde hay que estar atento al todo y a las partes, y estar listas, listos, porque ese último granito de arena no es el último, sino el primero, y que hay que darle vuelta al reloj de arena, porque ahí no está el hoy, sino el ayer y, sí, tiene usted razón, también el mañana." Entonces, ésta es la diferencia abismal que genera dos proyectos de cambio, en la que la lucha de la izquierda perpetúa lo distal y los tercerizados activan lo proximal.

Es el eterno debate entre la "toma del poder" y la construcción del "poder social". Las izquierdas solo apuntan a la "toma del poder" por la vía electoral o la armada, sin embargo, cuando han llegado a sitios de poder local o nacional, a la final no ha pasado nada

---

68 https://bit.ly/2pfqd1F

profundo o estructural. Cuál de ellos, han llegado al poder con una población altamente organizada y consciente. Todos han llegado al poder por alguna figura carismática y cuando han estado ahí se han dedicado básicamente a hacer "obritas" y no a organizar política y productivamente a la población para ganar espacios dentro del mercado, de la producción, de la propiedad, de la organización, de la conciencia.

Han llegado al Estado y se han creído nuevos monarcas de izquierda, centralizando todo en el gobierno, con el argumento de que "ya no son ellos sino que son todo un pueblo". Eso ha pasado desde Lenin hasta la dinastía Kim (Corea). Todos ellos han reducido el "poder social" al Estado, centrado en su majestad el "rey revolucionario". Le han vuelto al Estado y al gobierno en ethos hiperpresidencialista. El Estado cada día más obeso y con el "estado de propaganda" a su servicio pretenden convencer de que eso es "revolución". El Dios-Estado y su representante en el gobierno, visto como el encargado de guiar y hacer la revolución para el pueblo pasivo y receptor. El mismo, que solo debe estar callado y extendiendo la mano para recibir las prebendas o misericordias del emperador de "izquierda". Nuevas monarquías o burocracias que consideran un sacrilegio entregar el poder a las organizaciones populares o al pueblo organizado productiva y territorialmente, para que sea el autor y actor de sus propias transformaciones, pues, para ello está el estado-todopoderoso en manos de una sola persona y en el que se asienta todo el "poder popular".

El "poder social" implica terminar con el estado verticalista, donde unos dirigen y otros ejecutan, en la que unos son los pensadores y otros los trabajadores, para recrear un estado espiral donde el poder está en las bases y no en la cima. Ello implica crear una democracia directa con un Estado que funciona o está estructurado de abajo hacia arriba, a través de concejos en diferentes niveles, (algo parecido a los actuales municipios donde hay un alcalde y los concejales).

El territorio nacional, estructurado y organizado desde los cimientos hacia la cúspide, esto es, desde los barrios en las ciudades y las aldeas en el campo, las que se autodirigen o se autogobiernan. Quienes a su vez eligen a su representante para conformar el concejo intermedio conformado por la unión de varios barrios o comunidades y que constituyen una parroquia. Los que a su vez, eligen a su miembro en el concejo cantonal, y éstos al provincial, hasta llegar al nivel regional y nacional. A cada nivel inmediato superior, llegan los que han demostrado su capacidad y honestidad en los anteriores, es decir, son cooptados de un nivel a otro en mérito a su nivel de responsabilidad, y no en base a su talento para hacer el mejor show político o al dinero para contratar al mejor profesional en marketing político.

¿Algo de esto ha hecho el progresismo o al menos han puesto las bases de otro modelo para sustituir el capitalismo, para con ello reconocerle que es de izquierda, o simplemente se ha montado sobre el mismo estado neocolonial y burgués procediendo a modernizarlo, a través de ciertos reajustes "alternativos" y a hacerlo más glotón? Un Estado con más lindos sillones y cuadros, que dan un mejor servicio pero que mantienen el mismo sistema de dominación. Un "Estado revolucionario" que ofrece más camas en los hospitales, pero que no promueve un cambio en la forma de vida a través de un nuevo sistema social y cultural, para que se enfermen menos. Un "Estado popular" que entrega pupitres de última tecnología a una élite de privilegiados o meritocráticos, pero que su educación sigue siendo memorística, repetitiva, y ante todo desarrollista y productivista. Etc., etc.

El "revolucionario moderno" se ha vuelto un alcalde nacional que se preocupa de hacer elefantes blancos, y no el de cambiar las estructuras sociales que perennizan la exclusión. ¿Eso es ser de izquierda? Por ello, es que se han rebelado los tercerizados o anatemas ante esta izquierda conservadora y mantenedora del status quo. El único cambio que se ha dado, es que la derecha-moderna o pequeño-burguesía se ha puesto una máscara de izquierda, pero que muy pocos se han dado cuenta de aquello. Algunos se han dejado atrapar por el "estado de marketing" de la "izquierda moderna" y repiten su parafernalia. El ideologismo dogmático en su mayor expresión, pues, como señala el filósofo venezolano Roland Denis: "Con un lenguaje de izquierda justifican una política que sólo ha favorecido a banqueros, grandes importadores, cadenas monopólicas y trasnacionales. A su vez, es una política que mediante la imposición de precios y corporaciones ha destruido al pequeño productor de azúcar y café para beneficiar a los importadores. Mientras tanto, los paquetes de Café Venezuela que vienen en las bolsas de los comités locales de abastecimiento y producción (Clap) sólo sirven para confundir a incautos."

Entonces, en la política -como en cualquier cosa en la vida- lo que importa es su práctica política, no las bellas palabras o las lindas intenciones. Es evidente que la derecha y el babelismo en general van avanzando y ganado terreno dentro de los tercerizados, sus ontologías y epistemologías se van abriendo y penetrando en los tercero-excluidos. El cooptacionismo y el cuotismo como prácticas nuevas, que permiten incorporar a lo diferente o al adversario a la oficialidad, y que ha entendido que así es más fácil ganar adeptos que atacándolos o dominándolos directamente. El cambio lo ha conseguido la derecha haciendo que ellos mismos se dominen, que se crean que son libres para elegir la riqueza o la pobreza, el poder o la mediocridad, él éxito o la indiferencia.

Han aprendido de los curas y de la religión la práctica sutil de la conversión, para que luego los convertidos se encarguen de buscar nuevos incautos. El conversor de hogaño ya no actúa como el conquistador de antaño, sino simplemente recrea los imaginarios y los presenta como que son del pueblo. Los curas no eliminaron a los templos y dioses indígenas, simplemente superpusieron sus iglesias y les dieron otros nombres a sus dioses, y así los fueron cambiando o convirtiendo. El sincretismo religioso o el mestizaje cultural o el hibridismo político, son las nuevas armas para perpetuarse. La "nueva izquierda" o la "izquierda moderna", es parte de ello, es la mixtura con ropaje "revolucionario" y cuyo propósito es la inmovilización y el desencanto. En eso se ha convertido la izquierda para el pueblo, en frustración y negación, en esperanza que utiliza lo popular pero que luego termina en populismo.

Esta es la historia que ha escrito la izquierda mundial, y si los tercero-excluidos no son capaces de caminar por sus propios pies terminarán a la cola de la "izquierda moderna", y junto con ellos, arrasadas o prolongadas la posibilidad de una transición real y profunda. Ahora, la tarea es debatir qué es ser de izquierda y cuáles son los otros caminos para construir "el poder social" que haga posible el "poder popular" y que sea obvio el "poder político". Es decir, el camino contrario a lo que han hecho las izquierdas hasta el día de hoy.

En todo caso, no hay que perder la esperanza de que la izquierda finalmente se abra a la exterioridad del sistema, que puedan inscribirse dentro de otras racionalidades y complejidades, que logren funcionar en la multidimensionalidad y la intersectorialidad. Los anatemas de la civilización deben apoyar para que salgan de su visión dialéctica, basada en la totalidad, la contradicción, y la negación, para que se abran a las ciencias cuánticas y los saberes de la complejidad que han demostrado que la vida funciona desde otras variables como la complementariedad (Lupasco), la reciprocidad (Temple), la paridad, la armonicidad, la entropía, la sinergia... (pensamiento de lo espiral).

Con ello, señalando que la diversidad, la diferencia, la variedad, son elementos con los que guiarse para repensar la concepción y relación con naturaleza no-humana, y un nuevo mundo donde quepan todas las formas de vida y no solamente las humanas, y dentro de las humanas, todas las diversidades culturales.

La izquierda debe alcanzar humildad y dejar de creerse que es el tope y límite de lo revolucionario, que no hay nadie ni nada que pueda ser más profundo que lo que ellos pregonan, o como diría el sup Galeano "aunque se vista de única e irrepetible[69]"; para que de esta manera puedan abrirse a otras interrelaciones y otras dimensiones. La prueba, es que la izquierda ha sido la última en abrazar el ecologismo, el ambientalismo, el feminismo, el interculturalismo, la colonialidad, el especismo, etc. Pero lamentablemente, todos estos paradigmas han quedado solo como un añadido o un brazo exterior y no como algo transversal o diagonal a toda la co-racionalidad ontológica y epistémica de la transformación.

Su lucha ha sido (y es) eminentemente economicista y productivista, y en el fondo no les interesa mayormente ni lo patriarcal, ni lo colonial, ni la naturaleza, en otras palabras, no les importa los verdaderos cambios sino tan solo de disfrutar de la modernidad, de la ciencia positiva y de tener mayores ventajas económicas. Por ello, no abrazan o se resisten a teorías como el decrecimiento, la autogestión, la autosuficiencia, la autonomía comunitaria, el autogobierno, los sistemas de transición, el bien común, el buen vivir, el sumak kawsay, y todo aquello que implica la resistencia y/o reconstrucción desde abajo (internalidad del sistema), y principalmente desde afuera (exterioridad del sistema) a partir de vivir y de recrear nuevas formas y estilos de vida, de producción, de educación, de vivienda, etc.

---

69 https://bit.ly/2pfqd1F

Se han quedado enmarcados exclusivamente en la dista-política y en el biopoder hegemónico, tan solo pretendiendo autodestruir su hegemonismo en una segunda etapa de un comunismo utópico, algo que solo lo pueden creer los idealistas del materialismo histórico y dialéctico que siguen teniendo solo a Marx y a Lenin como sus libros de cabecera.

Sin embargo, también hay que señalar que la mayoría del feminismo, del interculturalismo, del ecologismo y demás corrientes alternativas, todavía no se transforman en alterativas. No necesariamente lo alternativo es alterativo, pero lo alterativo siempre es alternativo. La mayoría de alternativos tienen miedo al poder, cuando el poder en sí mismo no es negativo sino en cómo se utiliza el poder. Todo en la vida es un poder, y lo que hace la naturaleza no-humana es buscar simbiosis, homeostasis, entre todos esos poderes. Algo que lo sabe también el cuerpo humano que funciona en forma proximal, pero la mente distal del piramidalismo se encuentra divorciada y enajenada de su organismo, como de la naturaleza no-humana.

Esto significa abrazar a todas las alteridades y alternativas en conjunto, no puede haber una izquierda machista, un feminismo racista, un ecologismo materialista, un indigenismo anti-blanco, un ambientalismo contra el matrimonio igualitario, un izquierdismo antiinmigración, un ecologismo de derecha, etc. Si no se hace un gran paraguas de tipo integral, diverso, proximal y complementario, cada cual en su secta seguirá reproduciendo desde otros ángulos e instrumentos el mismo sistema-mundo distal que los separa y divide. Los maquillajes están de moda, y lo que se hace necesario son actitudes y posiciones medulares o armónicas, para tampoco caer en otro extremismo.

La izquierda tiene que aprender a construir la nueva vida, a caminar con los de abajo y los de afuera, y no solo pretender tomarse el poder y construir desde arriba. A su vez, los alterativos deben plantearse llegar al poder, formar organizaciones mundiales, y caminar complementariamente con la izquierda. Esto es, la izquierda tiene que actuar también en la micro-política y los alterativos en la macro-política. Utilizar todas las formas de lucha, de acción y de resistencia, pero principalizando la construcción desde las bases para llegar a arriba en forma espiral, tejiendo las jerarquías para que se sostengan las unas con las otras, todo ello conjugándose en sintonía con los modelos complejos de la naturaleza no-humana.

AUTOR

Atawallpa M. Oviedo Freire, nació en Ecuador. Autor de 10 libros, 3 traducidos al francés. Destacan: El Retorno del Hombre Rojo, Los hijos de la Tierra, Caminantes del Arcoíris, Qué es el Sumak Kawsay, La Sociedad de Claustro. Conferencista internacional. Animador de Talleres de Transformación Personal y Social. Es Licenciado en Ciencias Publicas y Sociales, Abogado, Doctor en Jurisprudencia, Máster en Gestión del Ambiente.

yuyarina@yahoo.es

ÍNDICE